Michael Klose
Lothar J. Seiwert
Winfried U. Graichen

Verkaufen Sie sich einfach an die Spitze

Michael Klose
Lothar J. Seiwert
Winfried U. Graichen

Verkaufen Sie sich einfach an die Spitze

Die Deutsche Bibliothek – CIP-Einheitsaufnahme

Klose, Michael:
Verkaufen Sie sich einfach an die Spitze : Erfolgsgesetze,
Verkaufsgespräche, Zeitmanagement / Michael Klose ; Lothar
J. Seiwert ; Winfried U. Graichen. – München ; Landsberg am
Lech : mvg-verl., 1993
  (Business-Training, 1139)
  ISBN 3–478–81139–2
NE: Seiwert, Lothar J.:, Graichen, Winfried U.:, GT

Das Papier dieses Taschenbuchs wird möglichst umweltschonend hergestellt und ent-
hält keine optischen Aufheller.

Illustrationen: Andreas Mahler

Umschlaggestaltung: Gruber & König, Augsburg
Satz: Fotosatz Pfeifer, 8032 Gräfelfing
Druck- und Bindearbeiten: Presse-Druck Augsburg
Printed in Germany 081 139/193802
ISBN 3-478-81139-2

Inhaltsverzeichnis

3. Teil: Mit Zeitmanagement zum Erfolg

Vorwort

So wie jedes Lebewesen bestimmte Faktoren zum Leben braucht, so benötigen auch der Verkäufer und der Unternehmer bestimmte Erfolgsfaktoren für ihre erfolgreiche Tätigkeit. Eine Pflanze braucht für ihr optimales Wachstum zum Beispiel bestimmte Mindestmengen des richtigen Lichts, der richtigen Nährstoffe, des richtigen Bodens und die richtige Wassermenge. Wenn ein einziger Faktor nicht in der entsprechenden Menge vorhanden ist, reicht dies aus, um das gesamte Wachstum der Pflanze zu blockieren.

Genauso ist es mit dem Erfolg des Verkäufers und des Unternehmers. Das mvg-Taschenbuch *Verkaufen Sie sich einfach an die Spitze* baut praxisnah und anwendungsorientiert auf diesen Naturgesetzen auf. Jeder Verkäufer und jeder Unternehmer benötigt bestimmte Erfolgsfaktoren in bestimmten Mindestmengen, um langfristig erfolgreich tätig zu sein. Der Erfolg hängt nicht nur von der Größe seiner Intelligenz, Kenntnisse und Mittel ab, auch nicht vom Charakter oder Zufall, sondern einzig und allein von seiner Strategie, also der Art, wie er seine Kräfte und Mittel einsetzt.
Strategie nach *Wolfgang Mewes* bedeutet „Konzentration Ihrer Energien auf den Minimumfaktor, also auf die entscheidende Stelle". Das Programm dieses Buches ist ein erster entscheidender Schritt in die richtige Richtung. Es hilft Verkäufern und Unternehmern, ihre Aktivitäten auf „das Wesentliche" zu konzentrieren.
Wer die praxisnahen und sofort umsetzbaren Empfehlungen täglich anwendet, kann dem Erfolg nicht ausweichen.

In diesem Sinne wünschen wir Ihnen das Beste für Ihre Zukunft.

Januar 1993   *Ihre Autoren*

1. Teil:

Die Naturgesetze
des Verkaufserfolgs

1. Das Geheimnis der Erfolgsspirale

| *Erfolg: Er folgt!* (Geistiges Gesetz)

Viele Verkäufer könnten erfolgreich und zufrieden sein, aber nur ein sehr geringer Teil ist wirklich erfolgreich, glücklich und zufrieden:

● Der größte Teil der Verkäufer klagt über verschärften Wettbewerb, steigende Verkaufsanstrengungen bei sinkenden Erträgen, Hektik, Streß, angegriffene Gesundheit und ein gestörtes Familienleben.

● Die kleine Gruppe der erfolgreichen Verkäuferpersönlichkeiten freut sich über gute Aufträge, eine steigende Zahl zufriedener Kunden, sicheres Einkommen, Anerkennung, Ausgeglichenheit, Harmonie und über ein zufriedenes Familienleben.

Worin unterscheiden sich nun diese beiden Verkäufergruppen? Der *Erfolg* muß bestimmten Regeln unterliegen, die von diesen wirklich erfolgreichen und zufriedenen Menschen angewandt wurden. Viele von ihnen nutzen diese Regeln intuitiv und automatisch: Es sind die „Naturgesetze des Verkaufserfolges". Diesen *Naturgesetzen* nach unterliegen alle Erfolge bestimmten Regeln – ebenso wie auch alle Mißerfolge. Da sowohl bei Erfolgen als auch bei Mißerfolgen bestimmte Faktoren, die sich gegenseitig beeinflussen, zusammentreffen, sprechen wir von kybernetischen *Regelkreisen*.

Das heißt:

> Der Erfolg und die positive Entwicklung eines Menschen benötigen wie eine Pflanze bestimmte Erfolgsfaktoren in bestimmten Mindestmengen.

Fehlt einer dieser notwendigen *Erfolgsfaktoren* oder ist er in einem zu geringen Maße vorhanden, so begrenzt er die positive Entwicklung der restlichen Erfolgsfaktoren, auch wenn diese in ausreichendem Maße zur Verfügung stehen.

Dies möchten wir am Beispiel einer Pflanze verdeutlichen. Das Überleben und das Wachstum einer Pflanze hängen im wesentlichen von vier Faktoren ab:

1. vom richtigen Licht,
2. von der richtigen Temperatur,
3. vom richtigen Boden mit den richtigen Nährstoffen und
4. von der richtigen Wassermenge.

Die Entwicklung richtet sich dabei nach dem Faktor oder Nährstoff, der in der geringsten Menge vorhanden ist, dem *Minimumfaktor*. Auf der anderen Seite heißt das: Wir brauchen nur diesen Faktor oder Nährstoff aufzufüllen, damit sich die Entwicklung der Pflanze automatisch fortsetzt. Diese Gesetzmäßigkeit hat der Naturwissenschaftler *Justus von Liebig* bereits vor 140 Jahren entdeckt. Die Kunst besteht also darin, Ihrer Zielgruppe oder Ihren Kunden immer das zuzuführen, was am dringendsten zu deren Entwicklung nötig ist (vgl. Abb. 1: Das Geheimnis der Erfolgsspirale).

Hierbei handelt es sich um ein Naturgesetz der natürlichen Automatismen, wie wir es auch in den Stoffwechselvorgängen der Menschen und Tiere kennen. Gegen diese natürlichen Entwicklungsgesetze lassen sich nur schwer – und wenn, dann nur vorübergehende – Erfolge erzielen. Jedoch erzielen wir mit den natürlichen Entwicklungsgesetzen Erfolge von unvorstellbarer Größe und Dauerhaftigkeit.

> Wer sich nach den Naturgesetzen des Verkaufserfolges richtet, wird überdurchschnittlich erfolgreich.

Dieser Vorgang vollzieht sich in Form einer *Spirale*. Die Entwicklungsrichtung der Spirale orientiert sich an dem jeweiligen Minimumfaktor:

● Sind alle notwendigen Faktoren ausreichend vorhanden, dreht sich die Spirale in Richtung *Positiv-Wachstum*.
● Fehlen Faktoren oder sind sie in zu geringem Maße vorhanden, dreht sich die Spirale in Richtung *Negativ-Entwicklung*.

Abb. 1: Das Geheimnis der Erfolgsspirale

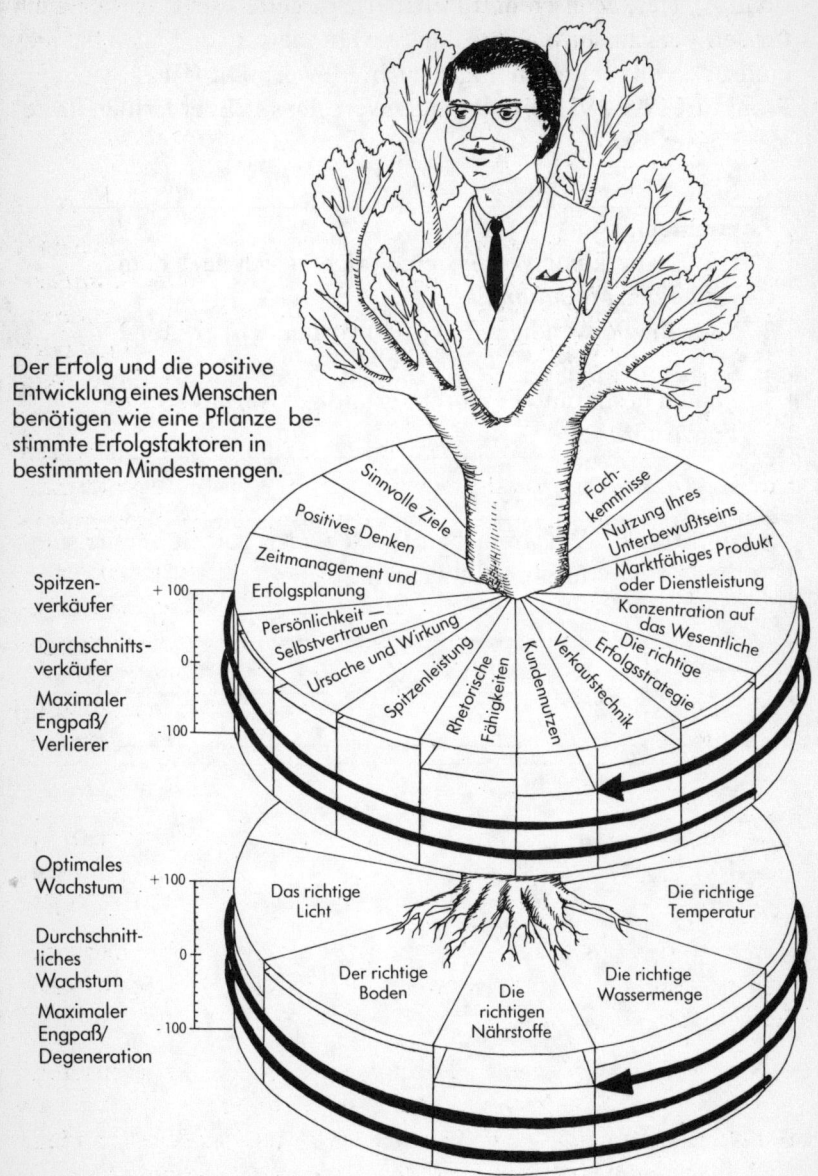

Der Erfolg und die positive Entwicklung eines Menschen benötigen wie eine Pflanze bestimmte Erfolgsfaktoren in bestimmten Mindestmengen.

Spitzenverkäufer +100

Durchschnittsverkäufer 0

Maximaler Engpaß/ Verlierer -100

Sinnvolle Ziele
Positives Denken
Zeitmanagement und Erfolgsplanung
Persönlichkeit — Selbstvertrauen
Ursache und Wirkung
Spitzenleistung
Rhetorische Fähigkeiten
Kundennutzen
Verkaufstechnik
Die richtige Erfolgsstrategie
Konzentration auf das Wesentliche
Marktfähiges Produkt oder Dienstleistung
Nutzung Ihres Unterbewußtseins
Fachkenntnisse

Optimales Wachstum +100

Durchschnittliches Wachstum 0

Maximaler Engpaß/ Degeneration -100

Das richtige Licht
Der richtige Boden
Die richtigen Nährstoffe
Die richtige Wassermenge
Die richtige Temperatur

Da Naturgesetze die systemische Grundlage jeder Entwicklung von Pflanze, Tier, Mensch und Betrieb sind, gelten sie natürlich auch für den Verkaufserfolg. Die Analyse Hunderter von Fällen hat dies eindrucksvoll bewiesen (vgl. auch Mewes, Die EKS-Strategie, Frankfurt 1990-1991; Friedrich/Seiwert, Das 1x1 der Erfolgsstrategie, Speyer 1993).

Zusammenfassung:

1. Die Entwicklung von Systemen richtet sich nach dem jeweiligen *Minimumfaktor*. ❏
2. Sind alle notwendigen Faktoren vorhanden, er-„folgt" *Positiv-Wachstum*. ❏
3. Fehlen bestimmte Faktoren, er-„folgt" *Negativ-Wachstum*. ❏

Aktionsfrage Was brauchen Ihre *Kunden* derzeit am meisten für ihre Entwicklung?

_____

_____

_____

2. Faktoren für erfolgreiches Verkaufen

Limits are existing only in your mind.

Das Kernproblem des Menschen ist ein *strategisches* Problem. Es besteht darin, sich mit seinen relativ schwachen körperlichen, geistigen und seelischen Kräften gegen weit überlegenere Umweltkräfte durchzusetzen.

● Erfolgreiche Management- und Verkaufstrainer haben nachgewiesen, daß Menschen und Betriebe unter dem Einfluß von *Mißerfolgen* spiralenförmig schrumpfen: Sie werden mutlos, zaghaft, aggressiv, resignieren und ziehen sich dadurch immer neue und größere Frustrationen zu.

● Umgekehrt wachsen sie unter dem Einfluß von *Erfolgserlebnissen* spiralenförmig, weil sie sicherer, mutiger, tatkräftiger, positiver sowie anziehender werden und sich von immer neuen und größeren Erfolgserlebnissen anspornen lassen.

So richten sich auch die Naturgesetze des Verkaufserfolges nach den gleichen natürlichen Automatismen wie das Wachstum einer Pflanze. Damit sich Ihre persönliche Erfolgsspirale in Richtung positives Wachstum dreht, benötigen Sie verschiedene, für den erfolgreichen Verkauf erforderliche Fähigkeiten und Kenntnisse in bestimmtem Mindestmaß.

Die folgenden Faktoren beschleunigen das positive Wachstum Ihrer *Erfolgsspirale:*

✎ **Erfolgsfaktoren im Verkauf**	trifft zu	teils/ teils	trifft kaum zu
1. Sie verfügen über ein *marktfähiges Produkt* oder eine marktfähige Dienstleistung.	❏	❏	❏
2. Sie verfügen über die notwendigen *Fachkenntnisse*.	❏	❏	❏
3. Sie nutzen die schöpferische Kraft Ihres *Unterbewußtseins*.	❏	❏	❏
4. Sie haben ein sinnvolles und realistisches *Ziel*.	❏	❏	❏
5. Sie denken *positiv*.	❏	❏	❏
6. Sie wenden bereits das Gesetz von *Ursache* und *Wirkung* an.	❏	❏	❏
7. Sie zeigen den *Willen* zur Spitzenleistung.	❏	❏	❏
8. Sie bieten maximalen *Kundennutzen*.	❏	❏	❏
9. Sie haben *Selbstvertrauen* und sind eine Persönlichkeit.	❏	❏	❏
10. Sie planen Ihre Erfolge und managen Ihre *Zeit*.	❏	❏	❏
11. Sie konzentrieren sich auf das *Wesentliche*.	❏	❏	❏
12. Sie setzen die richtige *Erfolgsstrategie* ein.	❏	❏	❏
13. Sie nutzen und verbessern Ihre *rhetorischen* Fähigkeiten.	❏	❏	❏
14. Sie setzen gezielt *Verkaufstechniken* ein.	❏	❏	❏
Auswertung:	Σ	Σ	

("trifft zu" = 1 Punkt; "teils/teils" = 0,5 Punkte)   Zusammen = (＿＿＿＿) Punkte

Auswertung:

- ● 10 – 14: Sie erfüllen die besten Voraussetzungen für positive Verkaufserfolge.
- ● 7 – 10: Ihr Erfolgspotential ist gut – und kann weiter verbessert werden.
- ● 0 – 6: Sie verfügen noch über erhebliche Steigerungsmöglichkeiten.

Die einzelnen Faktoren sind die Mindestvoraussetzung für eine langfristig erfolgreiche Tätigkeit im Verkauf. Diese Fähigkeiten und Kenntnisse müssen laufend trainiert und erweitert werden. Sicherlich werden im einen oder anderen Fall individuelle Änderungen der Faktoren dieser Erfolgsspirale notwendig sein, jedoch werden Sie in diesem Buch die Anwendungsweise der wichtigsten Faktoren Ihrer Erfolgsspirale erfahren. Sie sind die Essenz eines großen und umfassenden Wissensgebietes, und Sie sollten sich *regelmäßig* mit den Erfolgsgesetzen des Verkaufs beschäftigen.

Eine optimale Unterstützung gewährleistet unser gleichnamiges Audio-Programm (Klose/Graichen/Seiwert, Verkaufen Sie sich einfach an die Spitze, Bd. I (4 Cassetten), 12. Aufl. Seevetal 1992). Die Cassetten können nebenbei während anderer Beschäftigungen gehört werden, so daß auch Ihr *Unterbewußtsein* die Informationen aufnimmt und abspeichert. Je öfter Sie das Trainingsprogramm hören, desto stetiger und sicherer wird sich Ihr Erfolg entwickeln. Unsere Erfahrungen mit über 10.000 Anwendern haben gezeigt, daß bereits nach wenigen Wochen des regelmäßigen Hörens das Unterbewußtsein die Gedanken und Kräfte auf die gewünschten Ziele und Erfolge lenkt.

Zusammenfassung:
1. Das Kernproblem von Menschen und Systemen liegt
   in ihrer richtigen *Strategie*. ❏
2. *Mißerfolge* lassen Sie Mutlosigkeit, Zaghaftigkeit,
   Resignation und größere Frustrationen anziehen. ❏
3. *Erfolgserlebnisse* lassen Sie sicherer, mutiger,
   tatkräftiger, positiver und anziehender werden. ❏

Aktionsfrage   Worin liegen Ihre besonderen *Stärken* und
positiven Erfolgsfaktoren?

_____

_____

_____

3. Das Unterbewußtsein als Erfolgspotential

> *Wohin Deine Aufmerksamkeit fließt,*
> *dorthin fließt Deine Lebensenergie.* (Chinesische Lebensweisheit)

In jedem Menschen schlummert ein unbegrenztes *Erfolgspotential*, das es zu aktivieren gilt. Bereits Albert Einstein wußte, daß der Mensch nur ca. 10% seiner geistigen Kapazität nutzt, wovon das „Wachbewußtsein" nur einen relativ geringen Teil ausmacht; es ist zuständig für alle Dinge, die Sie bewußt sehen, hören, erleben und denken. Es steuert alles, was Sie bewußt, also willentlich, tun und lassen. Der weitaus größere Teil Ihrer geistigen Kapazität verbleibt im Unterbewußtsein.

Dieses ist vergleichbar mit einem Computer von unbegrenzter Aufnahmefähigkeit. Hier ist auch Ihr Urprogramm gespeichert, welches vorwiegend dem Überleben dient. Das *Unterbewußtsein* zeichnet alle unbewußten Emotionen, Eindrücke, Gesehenes und Gehörtes auf. Bildlich dargestellt, handelt es sich um den verdeckten und größeren Teil eines Eisberges unterhalb der Wasseroberfläche. Das Verhältnis zum oberen Teil, dem (Wach-)Bewußtsein, beträgt etwa sechs Siebtel zu einem Siebtel (Abb. 2):

Abb. 2: Der Eisberg des Erfolgs

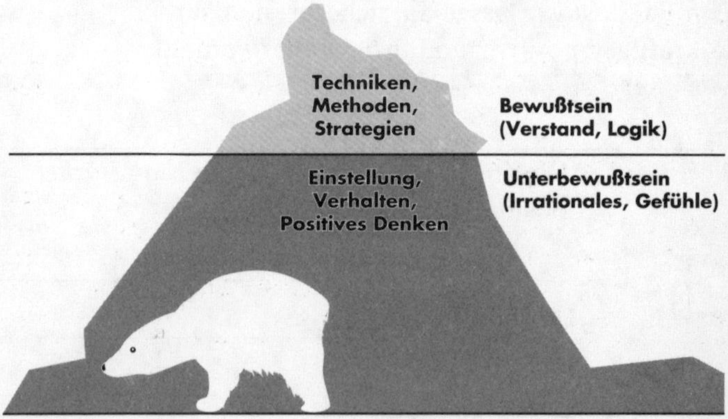

Techniken, Methoden, Strategien — Bewußtsein (Verstand, Logik)

Einstellung, Verhalten, Positives Denken — Unterbewußtsein (Irrationales, Gefühle)

Der entscheidende Faktor jedoch ist: Ihr *Unterbewußtsein* speichert alle Ihre Gedanken, ohne sie auf Wahrheit und Richtigkeit zu überprüfen: Sekunde für Sekunde, Tag für Tag, Jahr für Jahr.

> *Jeder* Gedanke, nur intensiv und nachhaltig genug gedacht, wird von Ihrem Unterbewußtsein über kurz oder lang verwirklicht.

Was Sie heute sind und erreicht haben, ist die Summe Ihrer *Gedanken*. Ihrem Unterbewußtsein ist es gelungen, Ihren Körper mit allen komplizierten Funktionen in der jetzigen Vollendung zu schaffen. Es hilft Ihnen auch in Zukunft, zu erreichen, was Sie erreichen wollen.

Um Ihre Pläne zu verwirklichen, sollten Sie Ihr Wachbewußtsein und Ihr Unterbewußtsein richtig und sinnvoll einsetzen. Alles, was Sie denken und tun, müssen Sie mit Ihrem Wachbewußtsein auf seinen positiven Inhalt prüfen. Lassen Sie nur *positive* Gedanken und Taten zu! Ihre positiven Gedanken sind die Ursache für Ihre Erfolge. Denn sie beweisen die Existenz Ihrer positiven Gedanken. Jeder Ihrer Gedanken wird durch die schöpferische Kraft Ihres Unterbewußtseins verwirklicht. Je genauer und beharrlicher, je schöner und wirklicher Sie das Vorstellungsbild Ihrer Wünsche und Ziele prägen, desto schneller und sicherer hilft Ihnen Ihr Unterbewußtsein, die erhofften Antworten und Lösungen zu finden.

Zur Verdeutlichung ein praktischer Vergleich:

> Wenn Sie *Nahrung* zu sich nehmen, stellen Sie zuerst sicher, daß diese qualitativ gut ist.
>
> Oder würden Sie verdorbene, schlechte, verschimmelte oder falsche Nahrung zu sich nehmen, nur weil es „Nahrung" ist? Nein, sicher nicht. Denn aus Erfahrung wissen Sie, daß Sie die Auswirkungen von verdorbener Nahrung auf Ihre Gesundheit und Ihr Wohlbefinden bereits nach wenigen Minuten oder Stunden schmerzhaft zu spüren bekommen. Folgen wie Übelkeit und Erbrechen bis hin zum Tod können daraus resultieren.

Was bedeutet diese Analogie nun für die Überprüfung Ihrer *Informationsaufnahme* sowie Ihrer *Gedanken*? Lassen Sie nur positive Informationen und Gedanken zu. Sicher können wir uns alle der heutigen Medien-Überflutung und Aufnahme negativer Informationen nicht ganz entziehen. Gerade darum ist es wichtig, daß Sie ganz allein *entscheiden*, aus welchen Quellen Sie Informationen aufnehmen.

> Es liegt nur an Ihnen, ob Ihr Unterbewußtsein über einen positiven oder einen negativen Gedankenspeicher verfügt!

Ihre *Erfolge* beweisen die Existenz Ihrer *positiven Gedanken*. Jeder Ihrer Gedanken wird durch die schöpferische Kraft Ihres Unterbewußtseins verwirklicht. Je genauer und beharrlicher, je schöner und wirklicher Sie das *Vorstellungsbild* Ihrer Wünsche und Ziele prägen, desto schneller und sicherer hilft Ihnen Ihr Unterbewußtsein, die erhofften Antworten und Lösungen zu finden und die angestrebten Ziele zu erreichen.

Beauftragen Sie Ihr Unterbewußtsein vor dem Einschlafen mit der Lösung der Ihnen gestellten Probleme. Teilen Sie ihm Ihre Ziele und Wünsche in Form von genauen Vorstellungsbildern mit. Wenn es für Sie hilfreich ist, verwenden Sie zur Unterstützung Zeichnungen oder Fotografien. Achten Sie jetzt verstärkt auf Ihre innere Stimme, um bereit zu sein für Antworten, Erkenntnisse und Wegweiser, die Sie erhalten.

80% aller erfolgreichen Menschen lassen sich von ihrer inneren Stimme, ihrer *Intuition* leiten. Sie werden am besten inspiriert und am schnellsten und sichersten erfolgreich, wenn Sie anderen, zum Beispiel Ihren Kunden, helfen, erfolgreich zu werden. Die Menge der Zufriedenheit und des Erfolgs Ihrer Umwelt bringt auch für Ihren eigenen Erfolg die größte Stabilität.

Zusammenfassung:
1. Der *Erfolg* liegt in Ihnen, wecken Sie ihn auf! ❏
2. *Sie* sind die Summe und das Ergebnis Ihrer Gedanken. ❏
3. Lassen Sie möglichst nur *positive* Gedanken zu. ❏

Aktionsfrage   Welche Erfahrungen haben Sie bereits mit den Kräften Ihres *Unterbewußtseins* gemacht?

_____

_____

_____

4. Die Bedeutung von Zielen und Vorstellungskraft

> *Wenn Du ein Schiff bauen willst, dann trommle nicht die Männer zusammen, um Holz zu beschaffen, Aufgaben zu vergeben und die Arbeit einzuteilen, sondern lehre die Männer die Sehnsucht nach dem weiten endlosen Meer.* (Antoine de Saint-Exupéry)

Täglich hören oder lesen Sie von Menschen, die besonders erfolgreich geworden sind, viele sogar trotz widriger Umstände und ungünstiger Ausgangsbasis. Der Statistik zufolge sind im Alter von 65 Jahren von hundert Menschen nur 5 Prozent finanziell unabhängig. Einige weitere sind als wohlhabend zu bezeichnen. Der gesamte Rest – und das ist der größte Teil – ist finanziell abhängig und bezieht eine Rente.

Warum aber werden nur wenige Menschen erfolgreich und viele nicht? Aus der Analyse Hunderter erfolgreicher Menschen ergab sich eine ganz einfache Antwort:

> Sie hatten ein konkretes Ziel und glaubten daran, es auch zu erreichen.

Sie hatten sich ein *Ziel* gesetzt, für das es sich lohnte, sich ein Leben lang zu engagieren, sich stärker einzusetzen, mehr zu lernen und mehr Zeit zu investieren als ihre Mitbürger. Alle Ziele, Träume und Errungenschaften der Menschheit beginnen mit dem ersten Funken eines Gedankens, einer Idee, die, hat sie sich erst einmal festgesetzt, mehr und mehr zur Verwirklichung drängt. Große Ziele und der unbeirrbare Wunsch, sie zu erreichen, haben in vielen Menschen erstaunliche Kräfte und Fähigkeiten freigesetzt. Die riesige Brücke über den Bosporus konnte nur entstehen, weil sie der Vorstellungskraft kühner Architekten entsprang und zielstrebig verwirklicht wurde.

Die Eroberung des Weltalls war nicht das Werk von Technokraten, sondern das Ergebnis der Vorstellungskraft bedeutender Persönlichkeiten, wie Professor Obert, Wernher von Braun oder Doktor Debus. Thomas Alva Edison, der Erfinder der Glühbirne, benötigte mehr als 10.000 Versuche, bis seine Erfindung auch in der Praxis funktionierte.

Jahrzehntelang lebten diese Männer nur von der Vorstellung, daß sie ihre Ideen durchsetzen würden. Viele Menschen, einschließlich der Wissenschaftler, belächelten diese Träume, und dennoch waren ihr Durchsetzungsvermögen und ihre *Vorstellungskraft* so ungebrochen, daß sie ihre außergewöhnlichen Werke vollbringen konnten. Auch in Ihnen schlummern riesige, ungeahnte Fähigkeiten und Kraftreserven, die Ihnen zur Verfügung stehen, wenn Sie Ihr Ziel erst einmal gefunden und alle Ihre Energien darauf konzentriert haben.

Das Unterbewußtsein ist besonders ansprechbar und zugänglich über *Bilder*. „Ein Bild sagt mehr als tausend Worte", wußten bereits die alten Chinesen. Befehle, Wünsche, Ziele sollten so anschaulich wie möglich in Form von *gedanklichen Vorstellungen* in das Unterbewußtsein eingegeben werden. Malen Sie sich aus – im wahrsten Sinne des Wortes –, wie Sie Ihr Ziel bereits erreicht haben. Stellen Sie sich vor, wie das wirklich ist, was Sie fühlen und empfinden, wenn Sie sich in diesem Glückszustand befinden. Wiederholen Sie diese *Ziel-Imagination* sooft wie möglich: täglich, morgens, abends, während der Autofahrt etc.

Beschreiben Sie, malen Sie, visualisieren Sie Ihr Vorhaben
- so konkret und anschaulich wie möglich,
- mit Ihrer gesamten Vorstellungskraft – und zwar
- immer so, als ob Sie es bereits verwirklicht hätten.

Besonders empfänglich für die Aufnahme solcher Informationen ist Ihr Unterbewußtsein nicht im hektischen Arbeitsalltag, sondern in einem *entspannten Zustand, Alpha* genannt (Abb. 3):

Abb. 3: Gehirnströme in Wach- und Schlafphasen

Bewußtseins-/ Unterbewußtseinszustand		Elektrische Gehirnströme (EEG)
Wach-zustand	**Beta-Zustand**	⟩ 50µV
	Alpha-Zustand	⟩ 50µV
Schlaf-zustand	**Traumphase (REM)**	⟩ 50µV
	Thetazone	⟩ 50µV
	Deltazone	⟩ 50µV

Im *Alpha-Zustand* sind Sie besonders ansprechbar für Zielprogrammierungen, da die Gehirnwellen im Grenzbereich zwischen Schlafen und Wachen (7-14 Hertz) arbeiten. In diesem Zusammenhang wurde eine ganze Reihe von Verfahren entwickelt, die unter Zuhilfenahme von Alpha arbeiten: Autogenes Training, Autosuggestion, Hypnose, Meditation, Mentaltraining, Selbstmotivation, Silva-Mind-Control, Sita-Learning, Subliminal, Suggestopädie oder Superlearning, Tiefenentspannung u.v.m. Auch klassische Mittel wie Barockmusik steigern die Bereitschaft Ihres Unterbewußtseins, Informationen aufzunehmen und zu speichern. *Musik* mit einer Taktfrequenz von 60 bis 70 Schlägen pro Minute (Herzschlag!) stimuliert die Produktion von Alphawellen. Sicherlich hatten auch Sie bereits *positive Erlebnisse* in Alpha oder einem entspannungsähnlichen Zustand.

> Dienen kommt vor Ver-dienen!

Wiederholt hören wir Seminarteilnehmer sagen: „Mein Ziel ist es, viel Geld zu verdienen!" Wenn Sie diese Aussage einmal realistisch betrachten: Geld kann eigentlich nur Mittel zum Zweck sein, es darf niemals Selbstzweck werden. Viel wichtiger ist es, zu erkennen, daß in dem Wort „Ver-dienen" das „Dienen" im Vordergrund steht. Denn soviel – und so gut – wie Sie fähig sind, Ihren Kunden oder Ihrem Unternehmen zu dienen, soviel und so gut werden Sie auch „ver-dienen".

Zusammenhang zwischen Ursache und Wirkung

Zuerst müssen wir also etwas geben, für einen Kunden oder ein Unternehmen etwas leisten und somit die *„Ur-sache"* setzen. Als *Wirkung* werden wir dann für den Wert unserer Arbeit oder unseres Nutzens einen gerechten Lohn erhalten. So groß wie die Ursache, die wir setzen, so groß wird auch die Wirkung sein:

● Leisten wir viel und bieten wir unseren Mitmenschen einen großen Nutzen, so werden wir als Folge entsprechend viel ver-dienen.

● Leisten wir wenig oder gar nichts, so wird unser Lohn entsprechend klein sein.

Darum ist es für jeden Menschen so wichtig, möglichst früh seinen Traum, sein Ziel zu finden. Nur der zwingende Wunsch, dieses Ziel zu erreichen, entfacht auch in Ihnen die Antriebskraft, die Sie zum Handeln veranlaßt. Kennen Sie Ihr Ziel?

Zusammenfassung:
1. Erfolgreiche Menschen haben konkrete *Ziele*, an die sie glauben. ❏
2. Im Alpha-Zustand entwickeln Sie besonders gut Ihre *Vorstellungskraft*. ❏
3. Wenn Sie *Wirkung* erzielen wollen, müssen Sie zuvor die *Ursache* setzen. ❏

Aktionsfrage Welche sind Ihre wichtigsten drei *Ziele* für die nächsten 12 bis 18 Monate?

_____

_____

_____

5. Die Ursache regelmäßiger Erfolge

> *Wer den Hafen nicht kennt, in den er segeln will,*
> *für den ist kein Wind ein günstiger.* (Seneca)

Haben Sie sich einmal gefragt, was Sie in Ihrem Leben erreichen wollen? Was Sie werden oder bis zu einem bestimmten Lebensalter geschafft haben wollen? Wenn ja, haben Sie dann auch festgestellt, wie Sie es erreichen können? Welche Mittel Sie verwenden sollten und welchen Weg Sie zu gehen gedenken? Dies sind einige der Fragen, die Sie sich stellen müssen, wenn Sie ein Ziel erreichen wollen.

> Erfolgreiche Persönlichkeiten haben konkrete Zielvorstellungen.

Zuerst müssen Sie ein *Ziel* haben, für das Sie sich mit ganzer Kraft einsetzen wollen, genau wie der Pfeil eines Bogenschützen mit ganzer Kraft nur einem Ziel entgegenstrebt und auch immer nur ein Ziel erreichen kann (vgl. auch Abb. 21, S. 112). Wie ein Golfball nur ein Loch erreichen kann, so kann auch ein Schiff nur einen Zielhafen anlaufen. Als Kapitän Ihres „Lebensschiffes" sollten Sie Ihren Zielhafen kennen, sich vorher genau über die zurückzulegende Strecke informieren und den Kurs abstecken. Nur diesen einen Hafen können Sie jeweils erreichen. Wenn Sie kein konkretes Ziel für Ihr Lebensschiff haben, ist für Sie kein Wind der richtige.

Sie bleiben sonst völlig dem Zufall überlassen und erleiden möglicherweise noch Schiffbruch. Als Kapitän Ihres Lebensschiffes werden Sie sich vorher genau über die zurückzulegende Strecke informieren und den Kurs abstecken (Abb. 4).

Soll Ihr Leben als Ganzes erfolgreich sein, muß ein durchdachtes Lebenskonzept dahinterstehen, also klare private und berufliche Ziele, die Sie bewußt anstreben. Ihre maximale Lebensenergie können Sie entwickeln, wenn Ihr Ziel auch mit Ihrem *Lebenssinn* und Ihren Idealen übereinstimmt. Setzen Sie Ihren Lebensweg ru-

Abb. 4: Zielsetzung und Zielerreichung

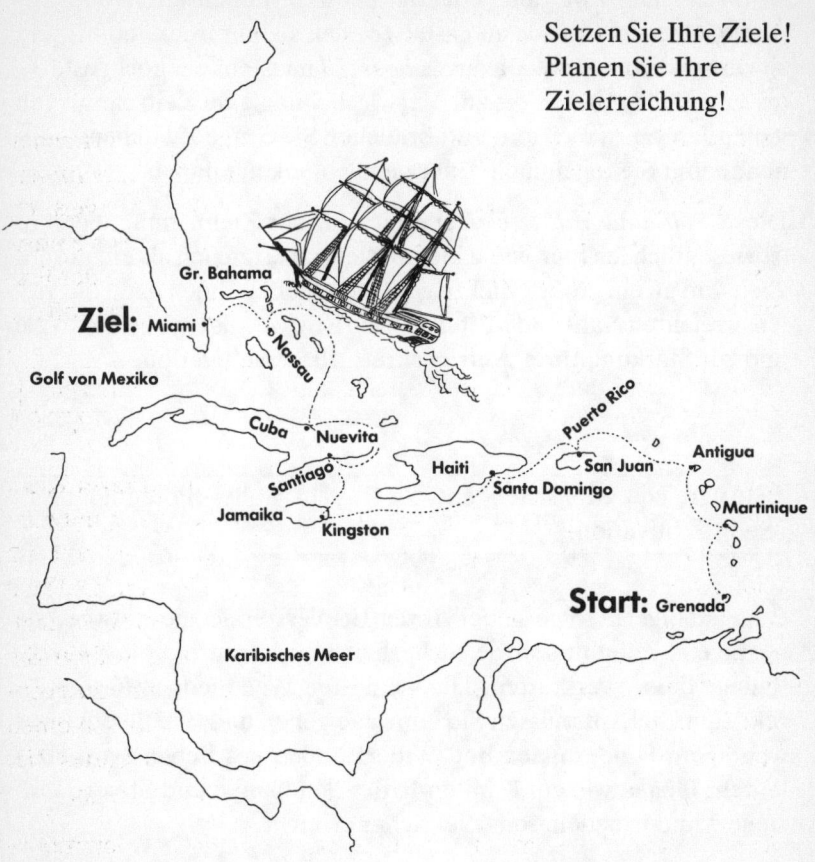

Setzen Sie Ihre Ziele!
Planen Sie Ihre
Zielerreichung!

Als Kapitän Ihres „Lebensschiffes" sollten Sie Ihren Zielhafen kennen, sich vorher genau über die zurückzulegende Strecke informieren und den Kurs abstecken.

hig so hoch an, daß Sie den größten Teil Ihres Lebens damit beschäftigt sind, Ihr Ziel zu erreichen. Andernfalls kann Ihr Leben plötzlich sinnlos werden. Wichtig für Ihren Lebenserfolg aber ist, Ihre Ziele so realistisch zu gestalten, daß sie mit irdischen Mitteln zu verwirklichen sind. Da ein *Lebensziel* meistens ein hochgestecktes Fernziel ist und es bis zur Verwirklichung eine Zeitspanne von vielen Jahren zu meistern gilt, brauchen Sie einige Zwischenstationen, damit Sie regelmäßig Energie nachtanken können.

Diese *Nah- und Mittelziele* benötigen Sie zur Zielplanung, denn es ist wesentlich leichter, viele kleine Ziele zu erreichen als ein großes Ziel. Um an ein großes Ziel zu gelangen, helfen Ihnen dann die vielen erreichten Nah- und Mittelziele als Erfolge, als Erfolgskontrolle und zur Stärkung Ihrer Antriebskraft, Ihrer Motivation.

> Erfolgreiche Menschen entwickeln ein hohes Potential an Selbstmotivation.

Regelmäßige Erfolge geben Ihrer Erfolgsspirale die notwendige positive Kontinuität sowie Sicherheit und lassen Sie auch Rückschläge besser verkraften. Die wenigsten Wege jedoch führen direkt zum Ziel, oft müssen Sie Umwege gehen und sich flexibel und wendig an Hindernissen und Widerständen des Lebens vorbeiarbeiten. Genau wie ein Kapitän Riffe, Sandbänke und Stürme umsteuert und trotzdem sein Ziel sicher erreicht.

Ihr Ziel müssen Sie dabei immer fest im Auge behalten, auch wenn Sie hin und wieder die Richtung ändern. Selbst Widerstände entmutigen Sie nicht, sondern spornen Ihren Ehrgeiz an.

Ihre große Chance, Ihrem Ziel schneller näherzukommen, sind die ungelösten Probleme anderer Menschen, die danach drängen, gelöst zu werden. Aus guten *Problemlösungen* haben sich bekanntlich die größten Erfolge entwickelt.

Wenn Sie die Probleme anderer Menschen lösen und somit Ihre Fähigkeiten in sinnvolle Aufgaben investieren,

● helfen Sie anderen Menschen, ihren Zielen näherzukommen, und

● helfen sich selbst, Ihr eigenes Ziel zu erreichen.

Es ist nie zu spät, zu beginnen, anderen Menschen – Ihren Kunden oder Ihrem Unternehmen – zu helfen. Später wird man sagen: „Sie haben Ihren Erfolg ver-dient."

Zusammenfassung:

1. Ihr Ziel sollte auch mit Ihrem *Lebenssinn* übereinstimmen. ❏

2. Ihr Lebensziel sollte aus *Zwischenstationen* in Form von Nah- und Fernzielen bestehen. ❏

3. *Probleme*, die auf dem Weg zur Zielerreichung gut gelöst werden, entwickeln sich zu größten Erfolgen. ❏

Aktionsfrage   Wie haben Sie bisher konkrete *Ziele* gesetzt und konsequent verfolgt?

6. Das Gesetz von Ursache und Wirkung

Alles, was Sie sich vorstellen können,
können Sie auch erreichen. (Albert Einstein)

Manche Menschen erringen einen Erfolg nach dem anderen, sie bekommen jeden Auftrag, erreichen jedes Ziel, sind glücklich und zufrieden. Bei anderen Menschen treten mit der gleichen Zuverlässigkeit regelmäßig Mißerfolge auf. Es muß also einen grundlegenden Unterschied zwischen diesen Menschen geben!

Die Erklärung mutet relativ einfach an – und ist es auch: Der erfolgsgewohnte Mensch lebt und handelt bewußt oder unbewußt nach dem wichtigsten Naturgesetz: Es ist das Gesetz von *Ursache* und *Wirkung*. Es besagt, daß auf jede Aktion eine Reaktion erfolgt, wobei die Reaktion natürlich abhängig ist von der vorherigen Aktion (Abb. 5):

Abb. 5: Gesetz von Ursache und Wirkung

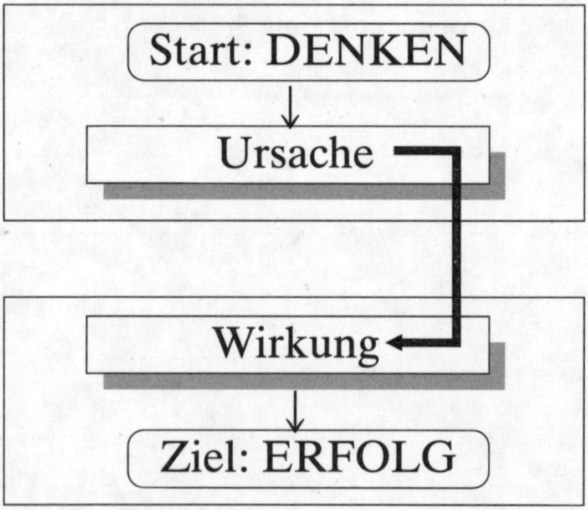

Wollen Sie also Erfolg haben, der ja eine Reaktion ist, müssen Sie überlegen, welche Aktion, welche Ursache es zu setzen gilt, um den gewünschten Erfolg zu erreichen. Sie müssen also die entsprechende *Ursache* in Ihrem Unterbewußtsein programmieren, damit die gewünschte *Wirkung*, der Erfolg, eintritt. Grundsätzlich beginnt dieser Prozeß bei Ihnen selbst, bei Ihren Gedanken. Jede Idee und jede Tat (Wirkung) beginnt mit einem Gedanken (Ursache). Es kommt nur darauf an, von welcher Gesinnung dieser Gedanke geprägt ist (Abb. 6).

Dem Gesetz von Ursache und Wirkung zufolge haben *positive Gedanken* positive Auswirkungen, und negative Gedanken haben negative Auswirkungen.

Das *Gesetz von Ursache und Wirkung:*
● positive Gedanken = positive Auswirkungen
● negative Gedanken = negative Auswirkungen

Sie kennen sicher Menschen, von denen Sie sagen würden, sie haben fast immer Glück, während andere fast immer Pech haben. Wieder andere sind fast immer erfolgreich, und andere haben fast immer nur Mißerfolge. Einigen gelingt beinahe alles, und anderen wiederum gelingt beinahe nichts. Hierbei handelt es sich ebenfalls um ein wichtiges *Naturgesetz*, das sich so beschreiben läßt:

„Erfolg ist die Gewohnheit,
sich in die richtige Richtung zu bewegen,
bis man sein Ziel erreicht hat." (M.K.)

In diesem Kernsatz können Sie das Wort „*Erfolg*" auswechseln gegen „Mißerfolg, Glück, Pech, Gesundheit, Krankheit" sowie viele andere Wörter des täglichen Lebens, und Sie werden feststellen, daß der Rest dieses Kernsatzes immer richtig bleibt. Wenn es sich um negative Gewohnheiten, wie Pech, Mißerfolg etc. handelt,

Abb. 6: Erfolgreiche Programmierung des Unterbewußtseins

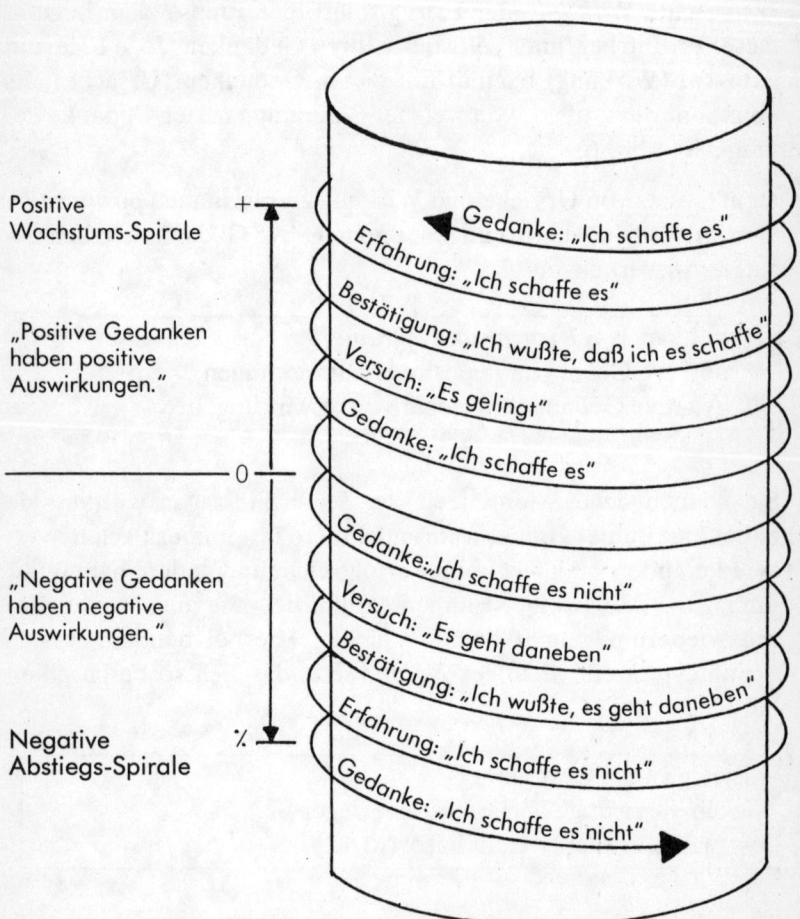

Es liegt nur an Ihnen, ob Ihr Unterbewußtsein über einen positiven oder einen negativen Gedankenspeicher verfügt.

müssen Sie jedoch die „richtige" Richtung durch die „falsche" Richtung ersetzen.

Denn alles im Leben ist eine *Gewohnheit*: Der Erfolgreiche ist gewohnheitsmäßig erfolgreich, der Erfolglose gewohnheitsmäßig erfolglos. Der Negativ-Denker ist ebenso routinemäßig Negativ-Denker wie der *Positiv-Denker* routinemäßig Positiv-Denker ist. Darum ist es so einfach und gleichzeitig auch so schwierig, positiv zu denken und zu handeln, weil es um die Änderung einer über lange Zeit *gewohnten Verhaltensweise* geht.

Programmieren Sie sich auf Erfolg(e).

Vergleichen Sie die Gewohnheit einfach mit der Einstellung eines *Radiosenders*, den Sie lange Zeit gehört haben. Gefällt er Ihnen ab heute nicht mehr, dann drehen Sie einfach am Einstellknopf, bis Sie einen neuen Sender gefunden haben, der Ihren Vorstellungen besser entspricht. Genauso einfach ist es mit der Veränderung von Gewohnheiten. Entwickeln Sie eine Vorstellung, ein geistiges Bild oder einen Traum, wie diese neue Gewohnheit aussehen soll, und richten Sie dann Ihre ganze Aufmerksamkeit auf die Verwirklichung dieser neuen Gewohnheit.

Ihr *Unterbewußtsein* speichert alle Ihre Gedanken, Träume, Wünsche und Vorstellungen kompromißlos, ohne sie auf Positivität oder Negativität zu prüfen. Es liegt nur an Ihnen selbst, ob Sie über einen großen Speicher positiver Gedanken verfügen oder nicht.

Der Erfolg Ihrer Taten wird der Gesinnung Ihrer Gedanken entsprechen. Beobachten Sie Ihre Gedanken! Jeder Mensch hat mindestens 50.000 Gedanken pro Tag! Unsere Gedanken oder Glaubenssysteme erzeugen unsere Wirklichkeit:

● Besteht unser Gedankengut aus Haß, Angst, Schwäche, Aggression etc., werden wir als Ergebnis Armut, Krankheit, Unglück, Trennung und Streß erleben.

● Besteht unser Gedankengut aus Liebe, Unterstützung, Frieden, Freude etc., werden wir als Ergebnis Gesundheit, Wohlstand und Zufriedenheit erfahren.

Beobachten Sie Ihre *Gedanken*! Es sind *mentale Schwingungen*, die auch gefühlt und sogar gemessen werden können. Wir allein sind verantwortlich für unsere inneren Zustände, weil wir die Gedanken dazu aktiv führen können. Lassen Sie nur *positive*, aufbauende Gedanken zu. Dies gilt ebenso im Hinblick auf Ihre Mitmenschen, gleich ob Kollegen, Mitarbeiter, Kunden oder Ihr privates Umfeld.

> Richten Sie all Ihr Tun und Denken auf Glück, Gesundheit, Lebensfreude, Zufriedenheit und Erfolg aus.

Wenn Sie von der Wahrheit und Ehrlichkeit Ihrer Gedanken überzeugt sind und Ihr Bewußtsein der gleichen Überzeugung ist, wird das Unterbewußtsein mit seiner schöpferischen Kraft an der Verwirklichung Ihrer Ziele arbeiten.

Denken und handeln Sie, *als hätten Sie bereits* erreicht (!), was Sie erreichen wollen. In der täglichen Motivationspraxis sieht das so aus:

> Wenn Sie sich gesund *fühlen*, *werden* Sie auch gesund!
> Wenn Sie sich glücklich *fühlen*, *werden* Sie auch glücklich!
> Wenn Sie sich erfolgreich *fühlen*, *werden* Sie auch erfolgreich!
> Wenn Sie sich ??? *fühlen*, *werden* Sie auch ??? !
>
> (☛ Setzen Sie diese Liste mit Ihren eigenen Wünschen fort!)

Je größer die Menge Ihrer positiven Gedanken und Erwartungen ist, desto sicherer erreichen Sie, was Sie erreichen wollen. Erwarten Sie Ihre Erfolge, und gehen Sie ihnen entgegen, denn Gleiches zieht Gleiches an, daher wird auch der Erfolg Ihnen entgegeneilen. Je mehr Erfolge Sie erwarten, desto mehr Erfolge werden sich einstellen. Die Summe Ihrer heutigen Gedanken sind Ihre Leistungen und Ergebnisse von morgen.

Spielen Sie die Verwirklichung Ihrer Erfolge bereits vor Ihrem geistigen Auge durch, das heißt, *erleben Sie schon jetzt*, was erst in Zukunft eintreten wird. Planen Sie bei Ihren „geistigen Spielen" ruhig auch Störungen und Widerstände mit ein und – wie Sie diese erfolgreich bewältigen. Nur so werden Störungen in Ihrer Zielerreichung für Sie in der täglichen Praxis auch zum Spiel. Vorbereitet zu sein ist alles.

Machen Sie es wie die Profi-Sportler, und zwar *mental*: Erleben Sie Ihre Siege bereits vorab, während Sie entspannt (*Alpha-Zustand*) im Bett liegen. Führen Sie im Geiste jeden Schlag, jeden Schuß, jeden Sprung und jede notwendige Bewegung aus, die Sie zur Erreichung Ihres Zieles benötigen. Berücksichtigen Sie dabei zugleich die Reaktionen Ihrer Gegner und Mitspieler, wie Sie selbst wieder darauf reagieren, was wiederum Ihre Gegner und Mitspieler dann weiter unternehmen etc.

In diesen geistigen Vorbereitungsspielen erleben Sie Ihre Siege bereits vorab, sooft Sie wollen, und zwar so lange, bis später auch in der Realität jeder Körperteil, jedes Organ, jeder Muskel, jede Faser und jede Zelle Ihres Körpers auf Sieg programmiert ist. Sie werden erstaunt sein, aber es funktioniert, im Grunde genommen, überall.

Verschaffen Sie Ihrer *täglichen Positiv-Programmierung* zusätzliche Kraft durch *Suggestionen*, die Sie sichtbar, z.B. auf selbstklebenden Zetteln oder Karten, überallhin plazieren.

Beispiel:

> Mein Schlüsselsatz:
> Ich schaffe es!

Wenn Ihre *Erfolgsspirale* richtig angelaufen ist, wird es schwer sein, Sie zu bremsen. Ihren positiven Gedanken (*Ursachen*), Ihren

Vorhaben und Ihrer Umwelt gegenüber folgen positive, erfolgreiche Aktionen (*Wirkungen*), die Sie in Ihrer positiven Erwartung bestätigen und die im Unterbewußtsein als positive Erfahrungen gespeichert werden. Je mehr positive Erfahrungen Sie gesammelt haben, desto leichter fallen Ihnen neue positive Gedanken sowie Erwartungen ein, und als Reaktion erwarten Sie neue Erfolge. Wenn Sie mit sich selbst und Ihrer Umwelt nicht zufrieden sind, so müssen Sie Ihre Gedanken und Ihre geistige Haltung ändern, sich selbst und Ihrer Umwelt gegenüber. Denn Ihre neue positive Einstellung dem Leben gegenüber öffnet Ihnen alle Türen. Strahlen Sie Wohlergehen aus, Vertrauen und Selbstbewußtsein – die Eigenschaften eines erfolgsgewohnten Menschen, der seinen Weg und sein Ziel kennt.

Zusammenfassung:
1. Alle Ihre Erfolge (Wirkungen) haben ihre Ursache in Ihren *Gedanken*. ❏
2. Lassen Sie nur *positive*, aufbauende Gedanken zu, und programmieren Sie sich *täglich* auf Erfolg! ❏
3. Je mehr *Erfolge* Sie erwarten (Ursache), desto mehr Erfolge werden sich einstellen (Wirkung)! ❏

Aktionsfrage   Welchen gewünschten *Verkaufserfolg* (Wirkung) können Sie bereits jetzt positiv vor-denken (Ursache)?

_____

_____

_____

7. Die langfristige Sicherung von Erfolgen

> *Nichts ist beständiger als der Wandel.* (Planungsweisheit)

Die Wirtschaftsentwicklung schreitet immer schneller voran. Die Umwelt, die Märkte und die Bedürfnisse ändern sich immer kurzfristiger. Was gestern noch gut und richtig war, kann morgen bereits falsch sein. Bestimmt haben Sie sich schon einmal gefragt, wie es möglich wäre, Ihren Erfolg langfristig abzusichern und zu stabilisieren.

Ihr heutiger Status ist das Ergebnis (*Wirkung*) Ihrer Taten, Erfahrungen, Dienstleistungen und Ihres persönlichen Einsatzes für Ihre Kunden oder Ihr Unternehmen. Haben Sie einmal versucht zu analysieren, welche Faktoren und *Ursachen* es waren, die Sie dorthin gebracht haben, wo Sie heute sind?

Stärken und Erfolgspotentiale erkennen!

Jeder Mensch und jedes Unternehmen hat bestimmte Eigenschaften und Charakteristika, derentwegen sie vom Kunden bevorzugt oder abgelehnt werden. Um die Zukunft erfolgreich zu meistern, wird es wichtiger denn je, sich dieser *Stärken* und *Erfolgspotentiale* voll bewußt zu werden. Verschaffen Sie sich einmal in aller Ruhe zu Hause das Erfolgserlebnis, diese positiven Aspekte auf einem großen (!) Blatt Papier festzuhalten. Hier gehen Sie in zwei Phasen vor (Abb. 7):

● Phase 1: Eigenschaften notieren

Listen Sie alle Eigenschaften Ihrer Person, die für Ihre berufliche Tätigkeit wichtig sind, untereinander auf. Hierzu zählen Fachkenntnisse, Erfahrungen, Verbindungen und Beziehungen, Image, Mittel und Möglichkeiten, Marktkenntnisse, Hobbys, Kunden-Potential, Know-how etc.

Abb. 7: Ist-Analyse und Stärken-Analyse

(Quelle: W. Mewes, Die EKS-Strategie, Frankfurt: FAZ 1990, Heft 6, S. 7).

Phase 1:
Eigenschaften notieren:

Phase 2:
Eigenschaften bewerten:

	0	10	20	30	40	50 Durch-schnitt	60	70	80	90	100
Jahresabschluß											
Bilanzrecht											
Kontenführen											
Buchführungs-Organisation											
Mahn- und Klagerecht											
Kostenrechnung											
Betriebswirtschaftslehre											
Beziehungen zu Kunden											
Menschenbeeinflussung											
Verhandlungstechnik											
Finanzierung											
Wirtschaftsrecht											
Führungstechnik											
Menschenführung											
Markenartikelgeschäft											
Finanzierung von Werbefeldzügen											
Marktbeobachtung u. Erfolgskontrolle											

Ein solches Eignungsprofil kann Hunderte von Eigenschaften erfassen. In einer ersten Übersicht sollte man die in Phase 1 ermittelten besonderen Eigenschaften zunächst wahllos untereinander

38

schreiben und bewerten. In einer zweiten Übersicht werden dann die hervorstechendsten Merkmale zusammengefaßt. Wichtig ist, nicht nur allgemeine Eigenschaften, wie Verhandlungsgeschick, Kontaktfreude usw., zu erfassen, sondern vor allem konkrete berufliche Qualifikationen, wie Bilanzrecht, Berichtswesen, Einkauf von Stahl usw. Das Ziel ist nicht die theoretische Perfektionierung der Analyse, sondern sich seiner Unterschiede gegenüber den anderen bewußt zu werden, sie augenfällig sichtbar zu machen und dann zu versuchen, sie zunehmend auszuprägen.

(Das gleiche Formular kann sinngemäß auch für die Analyse von Betrieben verwendet werden.)

Erfassen Sie auf einem zweiten Blatt Papier auch alle Eigenschaften Ihres Unternehmens.

● **Phase 2: Eigenschaften bewerten**

Prüfen Sie dann, in welchem Maße diese Eigenschaften einen höchstmöglichen Nutzen für Ihre Kunden oder Ihr Unternehmen darstellen. Stellen Sie bei der Bewertung Vergleiche mit Berufskollegen oder anderen Unternehmen Ihrer Branche an. Sie werden relativ schnell feststellen, ob der Nutzen für Ihre Kunden durch Mittelmäßigkeit oder durch Spitzenleistung geprägt ist.

Am wichtigsten bei der Auswertung sind Ihre *Stärken*. Hier verbergen sich Ihre zukünftigen *Erfolgspotentiale*. Ihre Stärken zu verbessern – zum Nutzen Ihrer Kunden und Ihrer Umwelt –, darin liegt Ihre große Chance, Ihre Zukunft sicher zu meistern. Natürlich hat jeder Mensch und jedes Unternehmen auch Schwächen. Ihnen ist jedoch nur dort Beachtung zu schenken, wo sie die Nutzung der Stärken beeinträchtigen.

Sichtbare Kompetenz erwerben!

Konzentrieren Sie sich darauf, die Probleme Ihrer Kunden oder Ihres Unternehmens besser zu lösen als andere Mitbewerber. Erwerben Sie auf diese Weise *sichtbare Kompetenz* im Markt! Unabhängig vom Auf und Ab der Konjunktur wird sich die Wirtschaft weiterentwickeln, mal stürmischer, mal gemächlicher. Solange Sie sich zu den 5 Prozent der Spezialisten auf Ihrem Gebiet zählen können, so lange wird man Sie dringend benötigen. Mit der richtigen *Strategie* können Sie auf diese Weise zu konkurrenzlosen Spitzenleistungen gelangen (vgl. Mewes, Die EKS-Strategie, Frankfurt 1990-1991; Friedrich/Seiwert, Das 1x1 der Erfolgsstrategie, Speyer 1993).

Je besser Sie die *Probleme* Ihrer Kunden oder Ihres Unternehmens *lösen* – je größer der *Nutzen* für Ihre Umwelt ist – desto weniger wird man auf Sie verzichten wollen. Leisten Sie auf Ihrem Gebiet Hervorragendes? Fragt man Sie um Rat –, und kann man sich 100prozentig auf Sie verlassen? – Sie werden die Antwort wissen. Sollte die Antwort „nein" lauten, so haben Sie jetzt die Chance, Ihre Entwicklung positiv zu beeinflussen, indem Sie sich entscheiden, welches *Ziel* Sie sich setzen und welchen Weg Sie gehen wollen.

Prüfen Sie, ob Sie Ihre Stärken in positive Übereinstimmung mit Ihrem Ziel bringen können. Nur dann entwickeln sich in Ihnen die Kräfte, die Sie zu *Spitzenleistungen* befähigen.

Bedenken Sie, wer im Falle einer Wirtschaftskrise zuerst seine Arbeit verliert. Was wird über Bord geworfen, wenn sich ein Schiff in Gefahr befindet? In der Reihenfolge der Wichtigkeit zuerst alles, was nicht unbedingt zum Überleben und für die Sicherheit der Passagiere notwendig ist.

Spitzenleistung statt Durchschnitt fordern!

Für Unternehmen gilt genau das gleiche. Darum sollte jeder Mensch mit ganzer Kraft daran arbeiten, ein lebensnotwendiger Faktor seiner Umwelt oder seiner Mitwelt, seiner Kunden und seines Unternehmens zu werden. Jeder, der sich damit zufrieden gibt, nur das Notwendigste zu tun, muß befürchten, als Ballast abgeworfen zu werden, wenn es um das Überleben geht. Durch die modernen Kommunikationssysteme und -medien sind zukünftige Entwicklungen lange im voraus zu erkennen. Täglich lesen wir die neuesten Trends. Weiterbildungsmöglichkeiten stehen jedem Menschen im Überfluß zur Verfügung. Fangen Sie frühzeitig an, sie zu nutzen: *Wenn nicht jetzt, wann dann?*

Zusammenfassung:
1. Finden Sie Ihre größten *Stärken* und damit Ihre
   zukünftigen *Erfolgspotentiale* heraus!   ❏
2. Bauen Sie Ihre Stärken zum *Nutzen* Ihrer Kunden
   und Ihrer Umwelt aus!   ❏
3. Je besser Sie die *Probleme* anderer lösen,
   desto sichtbarer wird Ihre *Kompetenz* im Markt!   ❏

Aktionsfrage Welche *Probleme* Ihrer *Kunden* können Sie
besser als andere lösen?

_____

_____

_____

8. Der sichere Weg zu Spitzenleistungen

An der Spitze zu stehen ist immer noch zu weit hinten.
(Szenen-Spruch)

Jedem Menschen stehen normalerweise 100 Prozent seiner Energie zur Verfügung. Die meisten Menschen streuen jedoch ihre Kräfte zu stark, da sie auf zu vielen Fachgebieten dabeisein möchten. Die Folge ist, daß für die einzelnen Aufgaben eines Fachgebietes nur noch ein sehr geringer Teil der Energie zur Durchführung und Realisierung übrigbleibt. Am besten können wir dies am Vergleich zwischen einer Schrotflinte und einem Kugelgewehr, einer sogenannten Büchse, verdeutlichen:

Zielen beide aus derselben Entfernung auf eine leere Öltonne, so wird das einzelne Geschoß der Büchse mit konzentrierter Kraft die Wandung durchschlagen. Die vielen Schrotkugeln der Schrotflinte werden sich weit streuen, über die ganze Tonne verteilen und lediglich einige kleine Beulen verursachen.

Im letzten Kapitel haben wir besprochen, daß es sinnvoll ist, zu den 5 Prozent der Besten auf einem Fachgebiet zu gehören. In diesem Kapitel wollen wir den Weg zu diesem großen und wichtigen Ziel beschreiben: Aus der Analyse Ihrer Eigenschaften haben Sie Ihre *speziellen Stärken* ermittelt. Um nicht von allem nur etwas zu wissen und zu können, sondern Profi zu sein, wählen Sie aus Ihren Stärken jene aus, die Ihnen am erfolgversprechendsten erscheinen. Selbst wenn Ihre erste Auswahl nicht objektiv ist und wohl auch nicht sein kann, bietet sie eine große Hilfe für Ihre weitere Entwicklung (Abb. 8).

> Konzentrieren Sie in Zukunft alle Ihre Energien, Überlegungen, Gedanken, Aufmerksamkeiten und Aktivitäten auf Ihre erfolgversprechendsten Stärken.

Damit sind diejenigen gemeint, zu denen Sie die größte innere Neigung und Motivation verspüren, für die Sie möglicherweise am be-

Abb. 8: Stärken-Vergleich und Konkurrenz-Analyse

Wählen Sie aus Ihrem persönlichen Eignungs-Profil (vgl. Abb. 7) alle Eigenschaften und Fähigkeiten aus, die Sie für wichtig halten, und bewerten Sie diese. Hierzu zählen Fachkenntnisse, Erfahrungen, Verbindungen und Beziehungen, Image, Mittel und Möglichkeiten, Marktkenntnisse, Hobbys, Kunden-Potential, Know-how etc.

Phase 1:   Phase 2:
Eigenschaften notieren   Eigenschaften bewerten

	0 10 20 30	40 50	60 70	80 90	100
	ungenügend	mittel	gut	sehr gut	spitze

Aus der Analyse der Eigenschaften haben Sie Ihre speziellen Stärken ermittelt. Wählen Sie jetzt diejenigen aus, die Ihnen am erfolgversprechendsten erscheinen. Beurteilen Sie anschließend Ihre Konkurrenten oder Kollegen im Vergleich zu Ihren Ergebnissen. Sie erkennen so viel leichter, ob es sich um wirkliche Stärken handelt.

Eigenschaften notieren	eigene Stärken			Mitbewerber / Konkurrenz		
	60 70 80	90	100	60 70 80	90	100
	gut	sehr gut	spitze	gut	sehr gut	spitze

43

sten geeignet sind und die Ihnen die Chance bieten, Ihren Kunden oder Ihrem Unternehmen wichtige Probleme optimal zu lösen. *Bieten Sie den größtmöglichen Nutzen!*

Mit diesem einfachen Auswahlverfahren werden Sie eine *Konzentration* Ihrer Kräfte erreichen, die Sie in Ihrem Aufgabengebiet um ein Vielfaches wirkungsvoller und erfolgreicher werden läßt. Konzentrieren Sie Ihre *Kräfte* auf Ihre erfolgversprechendsten *Stärken* in sorgsamer Vorgehensweise. Sie schaffen sich damit einen schnellen und sicheren Vorsprung an Motivation, Leistung, Akzeptanz und Anziehungskraft gegenüber Ihren Mitbewerbern. Ihre Kunden oder Ihr Unternehmen werden es zu würdigen wissen, wenn Sie ihren Nutzen steigern, indem Sie sich auf die Lösung der jeweils wichtigsten Probleme Ihres Aufgabengebietes konzentrieren. Ihre Spitzenleistung wird hier am bereitwilligsten aufgenommen, erzeugt entsprechende(s) Interesse sowie Aufmerksamkeit und erhöht die Chance, Ihre Leistung weiter zu fördern. Je positiver die Reaktion Ihrer Kunden oder Ihres Unternehmens ausfällt, desto sicherer können Sie sein, daß Sie sich auf dem richtigen Weg befinden.

Sie haben durch Ihre Spitzenleistung eine positive und sinnvolle *Ursache* gesetzt und erfahren als *Wirkung* eine positive Reaktion. Wenn Sie sich weiter an den Bedürfnissen Ihrer Umwelt orientieren, brauchen Sie sich über Ihren Lohn keine Gedanken zu machen. Da sich Spitzenleistungen schneller herumsprechen als Durchschnittsleistungen, wird man Sie als zuverlässigen *Spezialisten* weiterempfehlen. Durch das zunehmend günstigere Echo und Ihre stärker werdende eigene Motivation spornen Sie sich zu weiteren Spitzenleistungen an, die Ihre *Erfolgsspirale* öfter in Richtung Erfolg als in Richtung Mißerfolg drehen wird.

Zusammenfassung:

1. Bieten Sie Ihren Kunden den größtmöglichen *Nutzen*, und der *Erfolg* stellt sich automatisch ein! ❏

2. Konzentrieren Sie Ihre *Kräfte* auf Ihre erfolg-versprechendsten *Stärken*! ❏

3. Spitzenleistungen statt Durchschnittsleistungen erreichen Sie nur als *Spezialist*! ❏

Aktionsfrage   Welche Kunden-Probleme stimmen am besten mit Ihren *speziellen Stärken* überein?

_____

_____

_____

9. Bedeutung von Selbstvertrauen und Konsequenz

Ein Elefant und eine Mücke spazierten über eine Brücke. Als sie mitten darauf standen, sprach die Mücke zum Elefanten: „Man spürt, was unsere Wucht ausmacht!"

Was wäre ein Verkäufer ohne Vertrauen in sich selbst? Ohne Vertrauen in sein Produkt oder seine Dienstleistung? Ohne Vertrauen in sein Unternehmen?

Wer *Selbstvertrauen* besitzt und ausstrahlt, hat die Chance, das Vertrauen anderer zu gewinnen. Je größer Ihr Selbstvertrauen, desto bedeutender Ihre Persönlichkeit. Je bedeutender Ihre Persönlichkeit, desto größer auch der Glaube der anderen an Ihren Erfolg. Wachsende Persönlichkeit bedeutet wachsende Ausstrahlung, und mit wachsender Ausstrahlung wächst Ihr Ansehen, Ihr Image.

> Selbstvertrauen und positive Stimmung

Grundvoraussetzung für ein stabiles Selbstvertrauen ist eine positive Grundstimmung. Die folgenden Praxistips geben Ihnen Anregungen, wie Sie sich konkret in eine *positive Stimmung bringen* können (in Anlehnung an: Altmann, Erfolgreicher verkaufen durch Positives Denken, Landsberg 1991):

Zehn Methoden für eine positive Stimmung

1. Planung und Vorbereitung:
Am schnellsten entstehen negative Stimmungen durch eine schlechte Zeitplanung und Arbeitsvorbereitung. Die Folgen sind Nervosität, Hektik und Unsicherheit. Bereiten Sie deshalb Ihren Arbeitstag sehr sorgfältig vor, damit Sie alle wichtigen Vorfälle im Griff behalten. ❑

2. Angebot und Service:
Arbeiten Sie darauf hin, Ihren Kunden durch Ihre Beratung etwas „Besonderes" bieten zu können. Machen Sie Ihre Leistung zu Ihrem persönlichen Angebot, auf dessen Präsentation Sie sich schon im voraus freuen. Zufriedene Kunden wirken auf Sie wieder zurück! ❑

---

3. Ziele:

Setzen Sie sich für jeden Tag und für jede Woche ganz bestimmte Ziele (Anzahl der Kundenbesuche oder Verkaufsabschlüsse etc.). Konkrete Ziele schaffen auch konkrete Erfolgserlebnisse! ❏

4. Herausforderung:

Suchen Sie sich einen internen oder externen Kollegen aus, mit dem Sie sich vergleichen können, und treten Sie in einen inneren Wettbewerb mit ihm oder ihr. Freuen Sie sich z.B., wenn Sie bei den Kunden beliebter sind, bessere oder schnellere Verkaufserfolge erzielen etc., und nehmen Sie „Niederlagen" als Ansporn für bessere Leistungen auf. ❏

5. Erinnerungen:

Denken Sie in Momenten des Zweifels oder der Schwäche an einen Ihrer größten Verkaufserfolge zurück. Sowohl an die Methoden, die Ihnen damals Erfolg gebracht haben, als auch an die Gefühle, die Sie nach diesem Erfolg empfunden haben. Erleben Sie diese Gefühle erneut, und gehen Sie mit diesen Gefühlen zum nächsten Kunden. ❏

6. Kontakte:

Sprechen Sie mit erfolgreichen Persönlichkeiten. Fragen Sie sie nach ihren Methoden und Einstellungen, z.B., was sie bei Mißerfolgen denken und unternehmen. ❏

7. Aufmunterung:

Rufen Sie bei guten oder netten Kollegen an, um sich aufmuntern und in schwierigen Situationen sogar „beraten" zu lassen. ❏

8. Vorfreude:

Denken Sie schon im voraus an ein angenehmes Erlebnis, das Sie für den Abend oder das Wochenende geplant haben. Spüren Sie diese Vorfreude wirklich – und gehen Sie mit diesem Gefühl zum nächsten Kunden. ❏

9. Früher Erfolg:

Versuchen Sie – sowohl am Wochenanfang als auch an jedem Morgen – möglichst schnell zu einem Erfolgserlebnis zu kommen. Das muß kein großer Geschäftsabschluß sein. Es genügt eine positive Bestätigung. ❏

10. Gefühl:

Fragen Sie sich vor einem schwierigen Kundentermin: „Wie würde ich mich fühlen, wenn ich jetzt genau wüßte, daß das nächste Verkaufsgespräch ein voller Erfolg wäre?" Sehen Sie sich in Gedanken, wie Sie dann auftreten würden, und spüren Sie gleichzeitig ganz bewußt auch die entsprechenden Sieges- und Erfolgsgefühle. Und mit diesen positiven Gefühlen gehen Sie dann zum Kunden. ❏

✍ Welche drei Methoden passen am besten zu Ihrer Persönlichkeitsstruktur? Nr.

Ihre neue *positive Einstellung* dem Leben gegenüber öffnet Ihnen Herzen und Türen – bei Ihren Kunden, Kollegen, Partnern und anderen Mitmenschen. Beginnen Sie noch heute:

> Strahlen Sie Wohlergehen aus, Vertrauen und Selbstbewußtsein – die Eigenschaften eines erfolgsgewohnten, positiven Menschen, der seinen Weg und sein Ziel kennt.

Erfolgspotential für den Verkauf

Sie verfügen über alle Fähigkeiten, Anlagen und Talente, die Sie zu einem *erfolgreichen Verkäufer* machen. Bereits in Ihrer Kindheit waren Sie ein großartiger Verkäufer: Erinnern Sie sich noch, wie Sie Ihrer Mutter „verkauft" haben, daß Sie jetzt ein Eis von ihr erhalten müßten? Oder wie Sie Ihrem Vater „verkauft" haben, daß Sie jetzt alt genug für den Erwerb eines Fahrrades sind? Oder wie Sie sich erfolgreich um einen Ausbildungsplatz beworben haben? Unendlich oft waren Sie ein großartiger „Verkäufer": als Baby, als Kind, als Jugendlicher, immer wieder: „Nicht immer, aber immer öfter!"

Ja, Sie sind ein großartiger „Verkäufer". Jedes „Nein" eines Kunden macht Sie nur stärker. Jede ablehnende Haltung eines Gesprächspartners fordert Sie heraus, den *Glauben* an sich selbst, den Glauben an Ihr Produkt und den Glauben an Ihr Unternehmen noch stärker werden zu lassen. Wie sagte einmal Frank Bettger, der begnadete Verkäufer und Buchautor? „Das Geheimnis der Verkaufskunst ist es herauszufinden, was ein Kunde will, und ihm dann nur noch zu helfen, sich seinen Wunsch zu erfüllen."

Sie sind also fast automatisch ein *großartiger Verkäufer*, wenn Sie ein großartiger Wunsch-Entdecker, Wunsch-Erwecker und Wunsch-Erfüller sind.

Erfolgschancen im Verkauf

Was bedeutet das für Sie? Erfolgreiches Verkaufen verschafft Ihnen eine chancenreiche Zukunft mit unbegrenzter Entwicklungsmöglichkeit! Denn von den entscheidenden Unternehmensbereichen ist eine strategisch wichtige Säule der Bereich *Verkauf*, Ihr Beruf. Ohne erfolgreiche Verkäufer gerät jedes Unternehmen in eine Krise. Jeder Spitzenverkäufer ist ein nicht wegzudenkender Teil der Wirtschaft. Um ein einziges Produkt – zum Beispiel ein Auto – fertigzustellen, müssen viele Verkäufer erfolgreich tätig werden.

Sie sehen: Niemand kann auf erfolgreiche Verkäufer verzichten. Gäbe es sie nicht, wäre die gesamte Weltwirtschaft schlagartig gelähmt. Verkaufen ist einer der wenigen Berufe, der Ihnen unbegrenzte Möglichkeiten bietet.

Wann immer Sie sich selbst oder Ihr Anliegen präsentieren: Es gibt Hunderte von Lebenslagen, in denen verkauft wird – in denen Sie sich verkaufen – beruflich wie auch privat. Bei genauer Betrachtung werden Sie immer wieder feststellen: Es sind die *Naturgesetze des Verkaufserfolges*, die hier wirksam werden.

Zusammenfassung:

1. Entdecken Sie in sich das unerschöpfliche Potential zum großartigen *Verkäufer*! ❑

2. Werden Sie Wunsch-Entdecker, Wunsch-Erwecker und Wunsch-Erfüller Ihrer *Kunden*! ❑

3. Nutzen Sie jede Lebenslage, um Ihre Verkaufsfähigkeiten zu *trainieren*! ❑

Aktionsfrage Wann und wie haben Sie zuletzt *außergewöhnlich erfolgreich* verkauft?

_____

_____

_____

10. Die innere Einstellung zum Erfolg

> *Der kluge Mann erwartet nicht, daß ihm der Erfolg auf einer Platte gereicht wird! Er sucht Gelegenheit, den Erfolg selbst zu finden.*
> (Sprichwort)

Es reicht nicht, an den eigenen Erfolg nur zu glauben, sich ihn vorzustellen und sich dafür zu begeistern. Wichtig ist außerdem, daß Sie sich dafür *entscheiden*. Sich für einen Weg oder eine Sache zu entscheiden heißt aber zugleich, sich gegen andere Wege oder Sachen zu entscheiden. Sich für eine bestimmte Aufgabe zu ent-scheiden bedeutet also, andere Dinge aufzugeben.

> Entscheiden Sie sich hundertprozentig für *Ihren* Weg, für *Ihre* Aufgabe und damit für *Ihren* Erfolg.

Mit Vollgas zum Erfolg

Stellen Sie sich einen Piloten im Cockpit seiner Maschine vor: Er rollt langsam auf die Startbahn. Fertig zum Abflug, schiebt er den Gashebel nach vorn, aber nur zu 50 Prozent. Bevor seine Maschine überhaupt vom Boden abhebt, bremst er wieder, wenn er das Ende seiner Startbahn erreicht hat, statt nun erst recht zu beschleunigen. Ein Pilot, der dies öfter macht, wird sich bald nach einer neuen Aufgabe umsehen müssen, es sei denn, er konzentriert sich mit voller Kraft auf ihre Durchführung und gibt Vollgas (Abb. 9).

Eine Aktion besteht also aus den folgenden drei Phasen:

- Phase 1: Starten oder Beginnen.

- Phase 2: Durchführen oder Verändern.

- Phase 3: Beenden oder Stoppen.

Abb. 9: Konsequente Schritte zum Erfolg

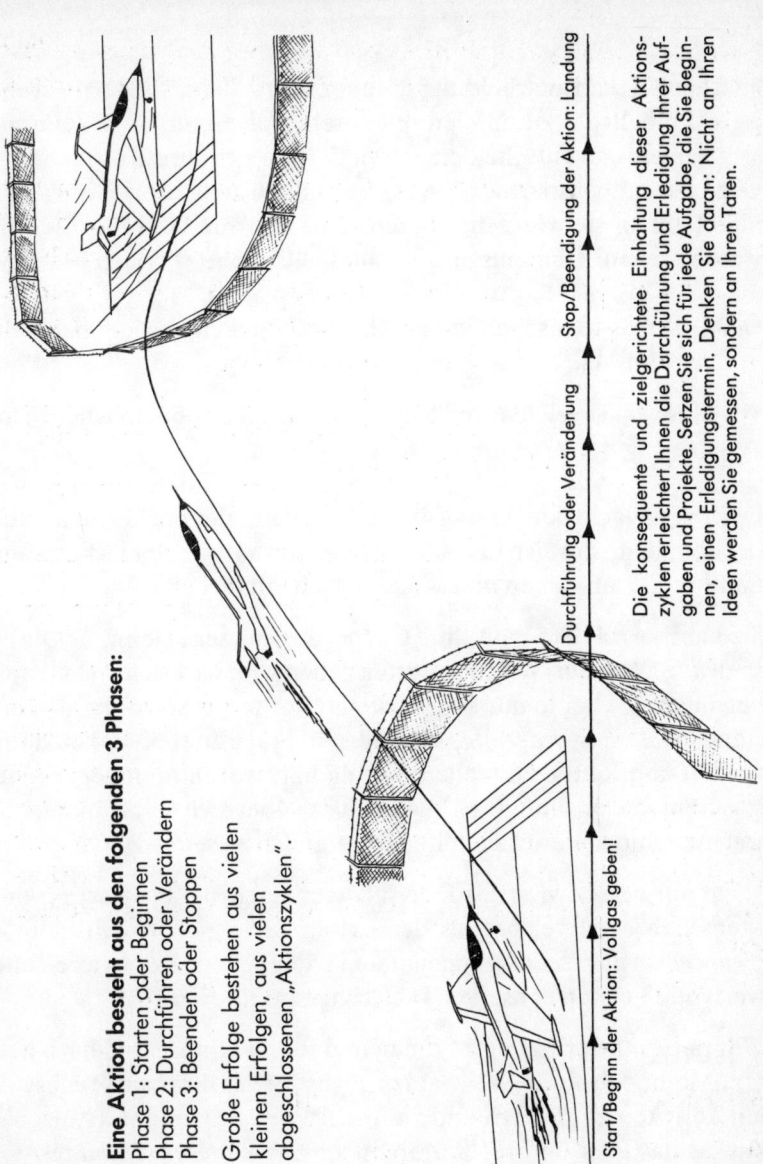

Eine Aktion besteht aus den folgenden 3 Phasen:
Phase 1: Starten oder Beginnen
Phase 2: Durchführen oder Verändern
Phase 3: Beenden oder Stoppen

Große Erfolge bestehen aus vielen kleinen Erfolgen, aus vielen abgeschlossenen „Aktionszyklen".

Start/Beginn der Aktion: Vollgas geben!

Durchführung oder Veränderung

Stop/Beendigung der Aktion: Landung

Die konsequente und zielgerichtete Einhaltung dieser Aktionszyklen erleichtert Ihnen die Durchführung und Erledigung Ihrer Aufgaben und Projekte. Setzen Sie sich für jede Aufgabe, die Sie beginnen, einen Erledigungstermin. Denken Sie daran: Nicht an Ihren Ideen werden Sie gemessen, sondern an Ihren Taten.

> Große Erfolge bestehen aus vielen kleinen Erfolgen,
> aus vielen abgeschlossenen „Aktionszyklen".

Treffen Sie die Entscheidung darüber nicht allein, sondern – wenn irgend möglich – zusammen mit Ihrem *Lebenspartner*. Wenn Sie sich gemeinsam entscheiden, vervielfachen sich Ihre Kräfte. Selbst wenn Ihr Lebenspartner Sie nur moralisch unterstützt, aber voll hinter Ihnen steht, ist dies bereits eine enorme Hilfe für Sie. Sie werden sehen: Gemeinsam geht alles nochmals erheblich besser:

● Alles, was Menschen je erreichen, verdanken sie dem persönlichen Einsatz.

● Alles, was sie nicht erreichen, dem Mangel an persönlichem Einsatz.

Der *Erfolg* lacht dem Erfolgsbewußten, dem, der positiv denkt und handelt, dem, der sich und andere begeistern kann, der lachen kann und Freude am Leben und seiner Arbeit entwickelt.

Sie haben es in der Hand, Ihre Chancen zu nutzen. Denn: *Erfolg* ist *freiwillig*. Wer den Weg der Besten gehen will, darf sich nicht damit begnügen, es heute nur so gut zu machen wie gestern. Es ist eine ständige *Herausforderung*, sich selbst in Frage zu stellen, neugierig zu sein und lernen zu wollen. Erfolg hat, wer ihm entgegengeht, statt ihm nachzulaufen. Erfolg ist auch, über sich selbst hinauszuwachsen und anderen zu helfen, erfolgreich zu sein.

Nicht nur besser wissen, sondern besser machen. Nichts ist für uns Menschen erfolgreicher als der Erfolg. Erfolg zu haben heißt – *Chancen* zu nutzen, alle ungenutzten Fähigkeiten zu aktivieren und wertvolle Leistungsreserven in sich zu mobilisieren.

„Ihr persönlicher Erfolg" – Ihnen und Ihrem Unternehmen zu helfen, Methoden sowie Wege aufzuzeigen, Sie in Ihrer anspruchsvollen Tätigkeit zu fördern und zu fordern und mit zu unterstützen – das ist das Ziel unseres Autorenteams, das dieses *Trainingspro-*

gramm für Sie erarbeitet hat. Wenn Sie zusätzlich die empfohlenen Trainings-Kassetten regelmäßig hören und anwenden, transportieren Sie das geballte Erfolgswissen in Ihr Bewußtsein und Unterbewußtsein, so daß Sie es in Ihrer täglichen Berufspraxis leicht anwenden können.

Wir wünschen Ihnen auf jeden Fall ganzheitlich viel *Erfolg*!

Zusammenfassung:
1. Ent-scheiden Sie sich bewußt für den Erfolg!   ❏
2. Richten Sie alle Ihre Energien und Kräfte auf Erfolg!   ❏
3. Trainieren Sie konsequent und zielgerichtet den Erfolg!   ❏

Aktionsfrage Wie können Sie als nächstes *anderen helfen, erfolgreich* zu sein?

_____

_____

_____

2. Teil:

Das Verkaufsgespräch als sicherer Weg zum Verkaufserfolg

1. Vorteile einer persönlichen Erfolgsstrategie

> *Erfolg ist einzig und allein eine Frage der richtigen Strategie.*
> (W. Mewes)

In den verschiedensten Wirtschaftszweigen gibt es immer wieder Verkäufer und Unternehmen, die es zu unerklärlichen Erfolgen bringen. Sie entwickeln sich sicherer, besser und schneller als die Masse ihrer Mitbewerber. Im allgemeinen werden solche außergewöhnlichen Erfolge auf Glück, Zufall, besseres Gespür oder ähnliche Ursachen zurückgeführt. Die Untersuchungen des Frankfurter Systemforschers *Wolfgang Mewes* haben jedoch in Hunderten von Fällen etwas ganz anderes ergeben (vgl. hierzu Mewes, Die EKS-Strategie, Frankfurt 1990-1991; Friedrich/Seiwert, Das 1×1 der Erfolgsstrategie, Speyer 1993).

Die besonders erfolgreichen Verkäufer und Unternehmen hatten eine *Strategie*! Unter der Anwendung bestimmter, zielgerichteter Strategien entwickeln sich Erfolgsfaktoren wie Image, Anziehungskraft, Motivation, Leistungsfähigkeit und Sicherheit weitaus besser. Das Wichtigste dabei ist die richtige, sinnvolle und nutzenorientierte Zielvorstellung. Strategie ist nicht gleichzusetzen mit einem Mehraufwand an Energie, Material und Kapital, sondern:

> Strategie in unserem Sinne bedeutet Konzentration der Kräfte auf das Wesentliche an der entscheidenden Stelle.

Mit der richtigen Strategie erreichen Sie Ihre Ziele eher, leichter und mit geringerem Aufwand als vorher.

Im Rahmen von Kapitel 8 „Der sichere Weg zu Spitzenleistungen" (S. 42 ff.) haben Sie bereits Ihre speziellen Stärken ermittelt.

Abb. 10: Konzentration der Kräfte

Konzentrieren Sie Ihre Kräfte und Energien auf Ihr lohnenswertes Ziel so, wie die Sonnenstrahlen in einem Brennglas ein Feuer entfachen oder wie der Karate-Sportler mit seiner Handkante einen Backstein oder ein Brett zerschlägt.

Mit der richtigen Strategie erreichen Sie Ihre Ziele leichter und mit geringerem Aufwand als vorher. Selbst David besiegte Goliath, indem er seine Kräfte und Mittel stärker konzentrierte und zielorientiert einsetzte.

Kräfte-Konzentration

Sicher kennen Sie die Geschichte vom Sieg Davids über Goliath. Obwohl David nur geringe Kräfte und Mittel zur Verfügung standen, gelang ihm der Sieg über den stärkeren Goliath. Diese geringen Kräfte und Mittel setzte er aber stark konzentriert und zielorientiert ein. Die *Konzentration* seiner *Kräfte* und seine bessere Zielvorstellung waren die Ursachen für seinen Sieg. Gleiches gilt für den Karateka, der ein Brett mit seiner Handkante zerschlägt (Abb. 10). Wenn wir diese Erkenntnisse erfolgreich in die Verkaufspraxis umsetzen wollen, müssen wir unsere *Verkaufsstrategie* durch geeignete Maßnahmen verändern oder verbessern.

Zielgruppen-Suche

Die nächste Frage zur Entwicklung Ihrer persönlichen Erfolgsstrategie lautet nun: Welche Probleme und Aufgaben können Sie mit Ihren *speziellen Stärken* am besten lösen? Suchen Sie systematisch und schriftlich nach allen Aufgaben und Problemen, zu deren Lösung Sie besser als andere geeignet sein könnten. Versuchen Sie dabei auch, in die Tiefe der Zusammenhänge zu gehen. Wenn Sie nur oberflächlich suchen, finden Sie nur die gleichen Möglichkeiten, die andere schon vor Ihnen gefunden haben.

Bekanntlich stehen hinter jedem Problem auch *Menschen*, die es haben. Vermeiden Sie bitte, die ermittelten Ansatzpunkte in aller Perfektion lösen zu wollen. Suchen Sie zuerst die Menschen, die unter diesen Problemen leiden. Da es sich meistens um ganz bestimmte Gruppen handelt, die Ziel Ihrer Suche sind, werden sie *Zielgruppen* genannt. Beschäftigen Sie sich intensiv mit einer von Ihnen gefundenen erfolgversprechenden Zielgruppe, die ein spezielles Problem oder eine Aufgabe zu lösen hat. Bemühen Sie sich für diese Zielgruppe, die bisherige Lösung ihrer Situation entscheidend zu verbessern.

Aus der Lernpsychologie ist seit langem bekannt, daß die Leistungen des menschlichen Gedächtnisses durch mnemotechnische Methoden in erstaunlicher Weise gesteigert werden können. Diese Maßnahmen bestehen in

● häufigerem Wiederholen,

● intensiverem Erleben und

● künstlicher Verflechtung

der gespeicherten Erfahrungen, um sie besser und zuverlässiger zu assoziieren. Unter der *Konzentration* der Sinne, Erfahrungen und Kontakte auf ein engumrissenes, brennendes *Problem* einer speziellen *Zielgruppe* tritt diese häufigere Wiederholung ganz von selbst ein, werden die Erfahrungen intensiver erlebt und verflechten sich dichter (Abb. 11). Die Wirkungen, die die Mnemotechnik künstlich zu erreichen versucht, erreicht die EKS-Strategie also auf natürlichem Wege.

Betrachten Sie Ihre Problemlösungen, Dienstleistungen und Produkte mit den Augen Ihrer Zielgruppe. Realisieren Sie nicht Ihre eigenen Idealvorstellungen, sondern orientieren Sie sich an einem wirklich vorhandenen *Engpaß* mit konkreten Bedürfnissen Ihrer Zielgruppe. Je besser Sie das Bedürfnis Ihrer Zielgruppe decken, desto größer wird die Nachfrage nach Ihrer Problemlösung, Ihren Dienstleistungen und Produkten. In gleichem Maße wachsen Ihr Lernprozeß, Ihre Produktivität, Ihre Wirtschaftlichkeit und Ihre Anziehungskraft auf die Zielgruppe. Ihre *Erfolgsspirale* dreht sich automatisch weiter in Richtung positives Wachstum und hilft Ihnen, Ihre eigenen Ziele sicherer und schneller zu erreichen.

Abb. 11: Konzentration auf das Problem einer Zielgruppe

(Quelle: W. Mewes, Kybernetische Managementlehre, Frankfurt: Mewes 1970-1978).

Je spitzer sich ein Mensch oder Betrieb auf ein engumrissenes Problem einer engumrissenen Zielgruppe konzentriert, desto eindeutiger werden die „Steuerungssignale", die er in Form von Erfolgserlebnissen (+) und Mißerfolgserlebnissen (−) von seiner Zielgruppe empfängt, und desto zielbewußter sein Verhalten. Die Signale sind verschiedenster Art, worunter die unterschwelligen die frühzeitigsten sind.

Zusammenfassung:

1. Strategie bedeutet *Konzentration* der Kräfte auf eine bestimmte *Problemlösung*. ❏

2. Strategie bedeutet *Umdenken*: Von der Produkt-Orientierung zur Zielgruppen-Orientierung. ❏

3. Suchen Sie *Zielgruppen*, deren Probleme Sie mit Ihren Stärken am besten lösen können! ❏

Aktionsfrage Welche *Zielgruppen* haben den dringendsten *Bedarf* nach Ihren Produkten oder Leistungen?

_____

_____

_____

2. Zielgruppen-Konzentration nach der EKS-Strategie

> *Wer seine Kräfte spitz konzentriert, statt breit verzettelt, überwindet Widerstände relativ einfach.* (EKS-Leitsatz)

Viele verlieren trotz bester Planung einen großen Teil ihrer Energien, weil sie sich trotz eines maximalen Arbeitseinsatzes und Engagements *verzetteln*:

● auf zu vielen Märkten

● mit zu vielen Produkten

● bei zu vielen Kunden.

Erfolgreicher hingegen ist die *Konzentration* der Kräfte auf einen kybernetisch wirkungsvollen Punkt innerhalb einer bestimmten *Zielgruppe*.

Als Voraussetzung muß ein marktfähiges Produkt oder eine marktfähige Dienstleistung vorhanden sein. Dieser Denkansatz von Wolfgang Mewes wurde als *EKS* (Engpaß-Konzentrierte Strategie) oder Kybernetische Managementlehre bekannt und verbreitet (vgl. Mewes, Die EKS-Strategie, Frankfurt 1990-1991; Friedrich/Seiwert, Das 1x1 der Erfolgsstrategie, Speyer 1993).

Wer als Verkäufer seine Aktivitäten *strategisch* besser plant und einteilt, erzielt seine Erfolge schneller und damit leichter.

Die EKS-Strategie von W. Mewes weist nach: In dem Maße, wie jemand seinen Nutzen für seine *Zielgruppe* wirksam steigert, erhöhen sich über wachsende Anziehungskraft, Stückzahl, Produktivität und Kreativität die Größen Gewinn, Image, Liquidität, Bewegungsfreiheit beziehungsweise Macht und Wachstum von selbst.

Abb. 12: Die EKS-Erfolgsspirale

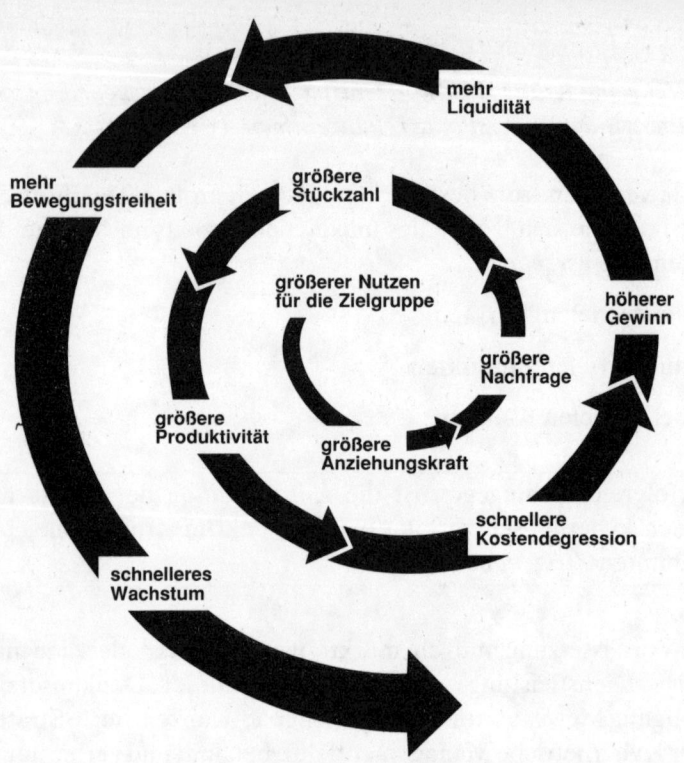

Gelingt es dem Verkäufer, seine Beratungs- und Verkaufsaktivitäten auf die Bedürfnisse dieser konkreten Zielgruppe möglichst günstig auszurichten, wird der kybernetische Prozeß in Form einer *Erfolgsspirale* automatisch in Gang gesetzt (Abb. 12).

Trifft man seine *Zielgruppe* möglichst konzentriert mit besseren oder billigeren Lösungen als die Mitbewerber, so übt man auf sie auch eine stärkere *Anziehungskraft* aus, selbst wenn man in anderen Punkten schwächer ist als seine Konkurrenten.

Dieser Prozeß funktioniert um so sicherer, stärker und dauerhafter, je besser es dem Außendienst gelingt, den eigenen *Nutzen* und

Abb. 13: Zielgruppen-Konzentration nach der EKS-Strategie

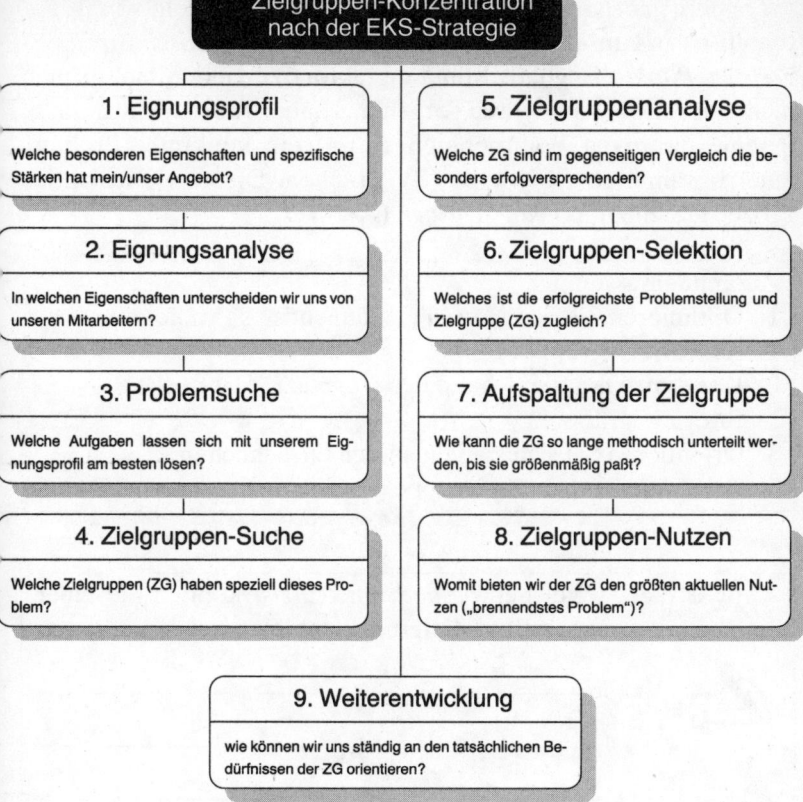

Zielgruppen-Konzentration nach der EKS-Strategie

1. Eignungsprofil

Welche besonderen Eigenschaften und spezifische Stärken hat mein/unser Angebot?

2. Eignungsanalyse

In welchen Eigenschaften unterscheiden wir uns von unseren Mitarbeitern?

3. Problemsuche

Welche Aufgaben lassen sich mit unserem Eignungsprofil am besten lösen?

4. Zielgruppen-Suche

Welche Zielgruppen (ZG) haben speziell dieses Problem?

5. Zielgruppenanalyse

Welche ZG sind im gegenseitigen Vergleich die besonders erfolgversprechenden?

6. Zielgruppen-Selektion

Welches ist die erfolgreichste Problemstellung und Zielgruppe (ZG) zugleich?

7. Aufspaltung der Zielgruppe

Wie kann die ZG so lange methodisch unterteilt werden, bis sie größenmäßig paßt?

8. Zielgruppen-Nutzen

Womit bieten wir der ZG den größten aktuellen Nutzen („brennendstes Problem")?

9. Weiterentwicklung

wie können wir uns ständig an den tatsächlichen Bedürfnissen der ZG orientieren?

die soziale Anziehungskraft erfolgreich für (s)eine konkrete *Zielgruppe* zu erhöhen und einzusetzen.

> Die Optimierung des *Nutzens für die Zielgruppe* muß genauso methodisch verfolgt werden wie bisher die Umsatzmaximierung.

Das Problem und gleichzeitig die Lösung liegen darin, eben diesen Engpaß oder diese *Marktlücke* bei den eigenen Kunden oder einer neuen Zielgruppe herauszufinden.

Jede Verkaufsaktivität gewinnt durch richtige *Konzentration der Kräfte* an Wirkung. Erfolg wird an der sozialen Anziehungskraft auf andere gemessen. Sie führt entsprechend der Erfolgsspirale automatisch zu Umsatz und Gewinn. Um den *kybernetisch wirkungsvollsten Punkt* (Engpaß, Minimumfaktor) zu finden, sollte man nicht nur rational-analytisch vorgehen, sondern auch – und gerade! – seine intuitiven Wahrnehmungen auf ein konkretes Problem einer bestimmten *Zielgruppe* (ZG) richten. Dieser vielschichtige Prozeß geschieht in *neun Schritten* (Abb. 13):

Zusammenfassung:

1. Optimieren Sie den *Nutzen* („brennendstes Problem")
   für Ihre Zielgruppe! ❏
2. Konzentrieren Sie sich auf den *Engpaß* (Marktlücke)
   Ihrer Zielgruppe! ❏
3. Orientieren Sie sich ständig an den tatsächlichen
   Bedürfnissen Ihrer Zielgruppe! ❏

Aktionsfrage Welchen *besonderen Nutzen* können Sie einer speziellen Zielgruppe anbieten?

_____

_____

_____

3. AIDA-Fomel: Vom Erstkontakt zum Verkaufserfolg

Stein auf Stein mit Vorbedacht gibt zuletzt auch ein Gebäude.
(Johann Wolfgang von Goethe)

Ein Bauherr, der sein Haus auf Sand errichtet, riskiert den Einsturz. Nur wer ein solides Fundament erstellt, kann ein stabiles Haus bauen. In Ihrer täglichen Verkaufsarbeit ist es nicht anders. Für das Gelingen Ihrer Verkaufsbemühungen ist die richtige *Gesprächseröffnung* von entscheidender Bedeutung. Dies gilt im besonderen Maße für jeden Erstbesuch. Warum ist gerade der erste Kontakt so aufreibend? Es ist der Augenblick, in dem sich zwei Menschen zum ersten Mal begegnen. Und es treffen sich auch zwei Weltanschauungen, Neigungen, Vorurteile, Absichten und Fähigkeiten, die bis dahin noch nie zusammengekommen sind, zum ersten Mal.

Es gehört viel Geschick dazu, den ersten Kontakt erfolgreich zu meistern. Wer diese Kunst beherrscht, wird immer und von Anfang an die Weichen für eine erfolgreiche Zusammenarbeit zu stellen wissen.

Eine bekannte und bewährte Methode ist die *AIDA-Formel*. Jeder dieser vier Buchstaben steht für eine bestimmte Phase innerhalb eines Gespräches oder einer Verhandlung.

***

„A" (Attention)

***

Der erste Buchstabe steht für *Aufmerksamkeit* und besagt, negativ formuliert: „Wer ein Verkaufsgespräch oder eine Verhandlung führt, ohne die volle Aufmerksamkeit seines Gesprächspartners gewonnen zu haben, baut auf Sand." Die volle Aufmerksamkeit Ihres Gesprächspartners ist Ihnen nur dann gewiß, wenn Sie etwas ansprechen, woran er *persönliches Interesse* hat.

Die beste Voraussetzung für Ihre erfolgreiche und packende Gesprächseröffnung sind *Vorinformationen*, die Sie gesammelt haben. An erster Stelle ist die persönliche Empfehlung zu nennen.

Aus keiner anderen Quelle können Sie so viel Informationen über Ihren neuen Gesprächspartner erfahren wie aus dem Munde eines guten Freundes, Lieferanten oder Kunden, wobei sich besondere Liebhabereien, wie etwa Segeln, Golf oder Sammlungen, als eine interessante und aufregende Gesprächseröffnung geradezu anbieten.

„Beginnen Sie niemals mit dem, was Sie trennt, sondern immer mit dem, was Sie verbindet."

In diesem Zusammenhang erlauben Sie uns noch einen Hinweis: „Pünktlichkeit ist die Höflichkeit der Könige!" Unpünktlichkeit ist eine der gröbsten und verbreitetsten Unhöflichkeiten. Darum: Seien Sie pünktlich! Fahren Sie rechtzeitig los. Kalkulieren Sie einen Stau oder eine Umleitung mit ein! Sie haben dann die erste Runde gewonnen, bevor auch nur ein Wort gesprochen wurde.

„I" (Interest)

Der zweite Buchstabe steht für *Interesse* und bezeichnet die zweite Phase Ihres Gespräches, in der es wichtig ist, das Interesse Ihres Gesprächspartners für Ihr Produkt oder Ihre Dienstleistung zu erzeugen. In dieser kritischen und wichtigen Phase benötigen Sie Ihre ganze Persönlichkeit, Ihre Überzeugungskraft, Ihre Begeisterungsfähigkeit und Ihre Fachkenntnisse. Es gilt jetzt, die Probleme Ihres Kunden festzustellen. Wenden Sie Fragetechniken an, demonstrieren Sie, oder zeichnen Sie etwas auf. Wecken Sie „Interesse"!

„D" (Desire)

Der dritte Buchstabe der AIDA-Formel steht für *Drang* im Sinne von „Wunsch" und bezeichnet die dritte Phase Ihres Gesprächs, in der es wichtig ist, den Wunsch nach Ihrem Produkt oder Ihrer Dienstleistung zu wecken. Ihr Ziel ist es ja, einen Wunsch zu erfüllen, indem Sie einen Auftrag erhalten.

In dieser Phase kommt es darauf an, die Vor- und Nachteile Ihres Produktes zu besprechen und eventuelle Einwände zu behandeln.

Verwenden Sie bei Ihrer Argumentation positive Worte, und strapazieren Sie Nachteile nicht über Gebühr.

> „A" (Action)

Der vierte Buchstabe der Erfolgsformel steht für die letzte Phase, das eigentliche Ziel Ihres Gespräches, die Aktion, also den *Auftrag*.

Während das bisherige Gespräch nur auf die Erreichung der letzten Phase ausgerichtet war, befinden Sie sich jetzt in der Entscheidungsphase, in der es darauf ankommt, daß Ihr Gesprächspartner Ihren Ausführungen zustimmt, er seinen Vorteil – seinen *Nutzen* – erkennt und diesen Nutzen durch seine Auftragserteilung erwirbt.

In jeder einzelnen Gesprächsphase werden Ihnen die leicht erlernbaren Techniken der folgenden Kapitel eine wertvolle Hilfe sein.

Zusammenfassung:

1. Gewinnen Sie die volle *Aufmerksamkeit* Ihres
   Gesprächspartners!   ❏
2. Erzeugen Sie das *Interesse* für Ihr Produkt und
   Ihre Persönlichkeit!   ❏
3. Argumentieren Sie positiv, und wecken Sie den
   Wunsch nach oder den *Drang* zu Ihrer Leistung!   ❏
4. Behalten Sie die Aktion, den *Auftrag*, konsequent
   im Auge!   ❏

Aktionsfrage   Welches nächste *Verkaufsgespräch* wollen Sie
                   gleich nach der AIDA-Formel vorbereiten?

_____

_____

_____

4. Fragetechniken: Wer fragt, gewinnt

> *Die beste Antwort der erhält,*
> *wer seine Fragen richtig stellt.* (Eugen Roth)

Gute Verkäufer sind oft auch gute Rhetoriker. Da die meisten Verkäufe durch persönliche oder telefonische Gespräche zustande kommen, benötigt der erfolgreiche Verkäufer ein bestimmtes Maß an verbaler Ausdrucksfähigkeit. Diese rhetorischen Fähigkeiten sollte man permanent in Theorie und Praxis trainieren, um nicht durch einseitige Verwendung in Vergessenheit zu geraten.

Nur zu oft sind es die aus dem Rahmen fallenden rhetorischen Techniken, die besondere Erfolge bringen. Ein wesentliches Element des Beratungs- und Verkaufsgespräches sind die verschiedenen *Fragetechniken*. Für eine gezielte *Kunden-Nutzen-Argumentation* ist das richtige Anwenden der Fragetechniken von entscheidender Bedeutung. Gut formulierte Fragen schaffen die besten Voraussetzungen für erfolgreiche Gespräche, Konferenzen und Verhandlungen.

Eine sinnvoll angewandte *Fragetechnik* gibt dem Befragten das Gefühl, man höre ihm interessiert zu. Er fühlt sich bestätigt und sein Problem ernst genommen. Außerdem wird er zur aktiven Mitarbeit und zum kreativen Mitdenken veranlaßt und kann eventuelle Aggressionen abbauen. Um die erforderliche Vertrauensbasis zu schaffen, sollten die Fragen natürlich ehrlich gemeint sein.

Ihnen als Fragesteller bieten sich dadurch folgende *Vorteile*:

● Sie behalten die *Gesprächsführung* in der Hand und können jederzeit die Richtung ändern.

● Sie erfahren die *Probleme* und Vorstellungen Ihres Gesprächspartners und schaffen so die notwendige *Vertrauensbasis*.

● Außerdem können Sie durch Gegenfragen zusätzliche *Informationen* und *Zeit* gewinnen.

Machen Sie folgende drei Punkte zum Fundament Ihrer *Gesprächs-führung*:

Erstens: Stellen Sie Fragen!
Zweitens: Stellen Sie die richtigen Fragen!
Drittens: Stellen Sie die Fragen richtig!

Offene versus geschlossene Fragen

Grundsätzlich unterscheiden wir zwischen offenen und geschlossenen Fragen:

● Die *offene Frage* gehört zu den typischen *„W"-Fragen*, da die Frage mit einem W-Wort beginnt (Warum?, Wann?, Wie?, Wo?, Was?, Wer?). Sie muß normalerweise mit einem ganzen Satz oder zumindest mit einer konkreten Information beantwortet werden. Der Gesprächspartner kann nicht mit „Ja" oder „Nein" antworten.

Beispiele:

„Wer ist für die Planung zuständig?" oder
„Wie kann ich Ihnen helfen?"

● Die *geschlossene Frage* beginnt mit einem Tätigkeitswort und kann als Antwort aus einem „Ja" oder „Nein" oder „Vielleicht" bestehen.

Beispiele:

„Haben Sie heute schon Zeitung gelesen?" oder
„Freuen Sie sich auf das neue Auto?" oder
„Gefällt Ihnen diese Farbe?"

Um auf dem Klavier der Fragetechnik spielen zu können, sollten Sie die wichtigsten *Fragearten* kennen und beherrschen; sie werden im nächsten Kapitel behandelt.

Zusammenfassung:

1. Wenn Sie *Fragen* stellen, führen Sie das Gespräch! ❑
2. Stellen Sie die *richtigen* Fragen – *richtig*! ❑
3. Konzentrieren Sie sich auf *offene* Fragen! ❑

Aktionsfrage	Warum und wie können Sie durch *offene Fragen* ein *Verkaufsgespräch* besser in Gang halten?

5. Elf Fragetechniken für Verkaufsgespräche

> *Wer fragt, ist für fünf Minuten dumm;*
> *wer nicht fragt, bleibt ein Leben lang dumm.*
> (Chinesisches Sprichwort)

1. Die Informationsfrage

Sie hilft uns, das Verständnis über Personen und Sachen zu vervollständigen. Sie ist *wertneutral* und sollte *möglichst kurz* gehalten werden.

Beispiele:

„Welche Anforderungen stellen Sie persönlich an unser Produkt?"
oder
„Wie gefällt Ihnen die neue Farbkollektion?"

2. Die Alternativfrage

Sie bietet sich an, wenn es darum geht, *Entscheidungen* herbeizuführen. Der Gesprächspartner hat nur die Möglichkeit, zwischen *zwei positiven Alternativen* zu wählen (Abb. 14).

Beispiele:

„Wünschen Sie 1.000 oder 2.000 Stück?" oder
„Möchten Sie das Frühstücksei weich oder hartgekocht?" oder
„Paßt es Ihnen besser am Mittwoch um 10.00 Uhr oder Donnerstag nachmittag?"

Verwenden Sie keine Alternativfragen, die eine Wahl zwischen positiven und negativen Möglichkeiten lassen.

Abb. 14: Die Alternativ-Frage

Die Alternativ-Frage bietet die Entscheidungs-Möglichkeit zwischen zwei *positiven* Alternativen!

3. Die Motivierungsfrage

Sie hilft Ihnen, eine *positive Stimmung* zu schaffen, und gibt dem Gesprächspartner Gelegenheit, sich zu öffnen und aus sich herauszugehen.

Beispiele:

„Wie haben Sie diese Leistung so schnell erreicht?" oder „Was sagen Sie als Experte/in dazu?"

Motivierungsfragen enthalten oft kleine *Streicheleinheiten*.

4. Die rhetorische Frage

Sie bedarf keiner Antwort des Gesprächspartners, da sie von Ihnen selbst beantwortet wird. Sie wird oft verwendet, um von der Problemdarstellung zum *Lösungsvorschlag* zu kommen.

Beispiele:

„Wie können wir Ihnen helfen, die Kosten zu senken? Der erste Ansatzpunkt wäre eine Verbesserung der augenblicklichen ..." oder
„Welche Möglichkeiten haben wir? Da wäre zum Beispiel die Optimierung der Vertriebswege ..."

5. Die Rück- oder Gegenfrage

Sie bringt Ihnen *Hintergrundinformationen* und schafft *Zeit zum Nachdenken*. Auch eine Änderung der Fragestellung ist möglich, da Sie Ihren Gesprächspartner anhalten, seine Fragen zu verdeutlichen oder neu zu formulieren.

Beispiele:

Kundenfrage: „Welchen Nachlaß können Sie gewähren?"
Gegenfrage: „Welche Liefermenge haben Sie sich vorgestellt?" oder:

Kundenfrage: „Ich werde Ihren Vorschlag noch einmal überschlafen – rufen Sie mich in ein paar Tagen noch einmal an?"
Gegenfrage: „Was hält Sie davon ab, jetzt zu ordern?"

6. Die Suggestiv-Frage

Sie ist eine *geschlossene Frage* und beeinflußt Ihren Gesprächspartner, die Frage in Ihrem Sinne zu beantworten. Sie sollte nur zur Feststellung von *Tatsachen*, aber niemals zur Manipulation verwendet werden.

Beispiele:

„Ihnen ist doch sicher am Überleben Ihrer Firma gelegen?" oder
„Ihnen ist doch bekannt, daß …?" oder
„Sie sind doch auch der Meinung, daß …"

7. Die Ja-Frage

Sie ist eine besondere Form der Suggestiv-Frage und erwartet als Antwort eine *Zustimmung*.

Beispiel:

„Möchten Sie Ihre Produktionskosten senken?"

8. Die Ja-Fragen-Kette

Sie besteht aus *mehreren geschlossenen Fragen*, die Ihr Gesprächspartner nur mit „Ja" beantworten kann. Sie werden hintereinander gestellt, damit der Befragte auch auf die letzte – alles entscheidende – Frage mit einem „Ja" antwortet.

Beispiel:

„Sie möchten also Ihren Gewinn steigern?" – „Ja."
„Jedoch ohne die Produktionskapazitäten zu erweitern?" – „Ja."
„Wenn ich Sie richtig verstehe, denken Sie an schnellere Maschinen?" – „Genau."
„Dann wären doch unsere neuen Turbo-Daisys genau die richtigen für Sie?" – „JA!"

---

9.   Die provokative Frage

Sie soll den Gesprächspartner aus der *Reserve* locken, damit wir weitere Informationen erhalten. Es handelt sich aber um eine *negative Motivierung*, mit der Sie sparsam und *vorsichtig* umgehen sollten.

Beispiel:

„Wollen Sie mit dem Kauf warten, bis die Preise noch weiter gestiegen sind?"

---

10.   Die Fangfrage

Sie gibt Ihnen die Möglichkeit, aus der Antwort *andere Schlüsse* zu ziehen, als Ihr Gesprächspartner vermutet.

Beispiele:

„Wie viele Transporter haben Sie im Einsatz?"
Diese Frage erlaubt einen Rückschluß auf den Bedarf an Verschleißteilen. Oder:
„Bei welcher Firma haben Sie vorher gekauft?" Auf diese Weise läßt sich vielleicht der mögliche Kaufpreis ermitteln.

Sie hilft Ihnen, festzustellen, ob Ihr Gesprächspartner Ihren Ausführungen folgt und mit Ihnen einer *Meinung* ist.

Beispiele:

„Stimmen Sie mir zu?" oder
„Entspricht das Ihren Vorstellungen?"

Damit haben wir die wichtigsten Fragearten besprochen. Sie sollten
Ihnen jederzeit bewußt und abrufbar sein, damit Sie die Gesprächsführung immer in der Hand behalten. Denn: *Wer fragt, der führt.*

Überlegen Sie sich einmal für Ihre Produkte oder Ihre Dienstlei-
stungen zu jeder Frageart 3 Beispiele, die Sie schriftlich festhalten.
Führen Sie diese Übung auch mit Kollegen im Rahmen eines
Workshops durch. Sie gewinnen so einen umfangreichen *Fragenka-
talog*, der Ihre zielgerichtete Argumentation deutlich verfeinert
(Abb. 15).

Aktionsfrage	Wo können Sie die *11 Fragetechniken* überall im Alltag *trainieren*?

_____

_____

_____

Abb. 15: Fragen-Katalog für argumentative Verkaufsgespräche

Firma: _____	Produkt/Dienstleistung: _____		
Fragetechnik	Frage 1	Frage 2	Frage 3
1. Informationsfrage			
2. Alternativfrage			
3. Motivierungsfrage			
4. Rhetorische Frage			
5. Rück- oder Gegenfrage			
6. Suggestiv-Frage			
7. Ja-Frage			
8. Ja-Fragen-Kette			
9. Provokative Frage			
10. Fangfrage			
11. Übereinstimmungsfrage			

6. Die goldene Waage der Gesprächsführung

> *Man braucht zwei Jahre, um Sprechen zu lernen, und*
> *fünfzig Jahre, um Schweigen zu lernen.* (Ernest Hemingway)

Bei jedem *Kundenbesuch* haben Sie drei Chancen:

- Erstens: Die Chance, sich optimal auf den Kunden einzustellen.
- Zweitens: Die Chance, richtig zu fragen.
- Drittens: Die Chance, richtig zuzuhören.

Daraus ergibt sich die goldene Waage Ihrer *Gesprächsführung*: In die erste Waagschale legen Sie das, was Sie selbst sprechen. In die zweite Waagschale legen Sie Ihr Schweigen und Zuhören. Achten Sie stets darauf, daß die Waagschale des Schweigens und des Zuhörens mindestens genauso gefüllt ist wie die Waagschale Ihres Sprechens.

Zuhören – wichtigstes rhetorisches Mittel

Die Verkaufsaktivität der erfolgreichen Verkäufer-Persönlichkeit besteht nur zum geringen Teil aus Reden und zum weitaus größeren Teil aus dem sinnvollen Einsatz von Fragen und *Zuhören*. Geben Sie jedem Kunden ausreichend Gelegenheit, sich von der Seele zu reden, was er loswerden möchte, auch das, was nicht zum Thema gehört. Vielleicht braucht er gerade Sie als Zuhörer und beweist seine Dankbarkeit, indem er Ihnen einen Auftrag erteilt, Ihnen einen wertvollen Hinweis gibt oder Sie an eine entsprechende Stelle empfiehlt.

Einige Verkäufer haben bereits gelernt, *Fragen richtig* zu stellen. Hätten sie auch gelernt, *richtig zuzuhören* oder – noch besser gesagt – richtig hinzuhören, dann könnten sie unter Beachtung der Kundeninteressen und Wünsche die Vorschläge machen, die letztlich auch akzeptiert werden und zum Auftrag führen (Abb. 16).

Abb. 16: Zuhören im Verkaufsgespräch

Die Verkaufsaktivität der erfolgreichen Verkäufer-Persönlichkeit besteht nur zum geringen Teil aus Reden und zum weitaus größeren Teil aus Fragen und Zuhören.

Auch beim Schweigen werden Botschaften übermittelt und ausgetauscht.

Beispiele:

„Ich höre Ihnen geduldig zu." oder
„Ich achte Sie und Ihre Meinung." oder
„Was Sie sagen, ist mir so wichtig, daß ich es gerne genau hören möchte."

Wichtige Hilfsmittel sind der aktive *Blickkontakt*, ehrliche, bestätigende und bewundernde Äußerungen und natürlich geschickte Rückfragen.

Rhetorik im Verkaufsgespräch

Bei Ihrer aktiven Gesprächsführung hilft Ihnen außerdem die Beachtung folgender *10 rhetorischer Grundregeln*:

1. Vermeiden Sie die häufige *Wiederholung* Ihrer „Lieblingsworte". ❏
2. Vermeiden Sie übertriebene Höflichkeits-*Floskeln*. ❏
3. Halten Sie *Blickkontakt*, und schauen Sie Ihren Gesprächspartner offen an. ❏
4. Sprechen Sie *bildhaft*, oder visualisieren Sie das Gesprochene. ❏
5. Verwenden Sie kurze Worte und *kurze Sätze*. ❏
6. Sprechen Sie *langsam* und *deutlich*. ❏
7. Formulieren Sie Ihre Aussagen etwas mehr in *Frageform*. ❏
8. Verwenden Sie vorwiegend *W-Fragen*, also „offene Fragen". ❏
9. Bauen Sie *Verkaufsargumente* und Fragen logisch auf. ❏
10. Zeichnen Sie etwas auf, und verwenden Sie *Grafiken* und Symbole. ❏

Benutzen Sie bildhafte Formulierungen. Zeichnen Sie etwas auf, und verwenden Sie Grafiken und Symbole.

Wenn möglich, demonstrieren Sie Ihr Angebot, oder lassen Sie Ihre Kunden etwas ausprobieren. Machen Sie hin und wieder eine Pause nach Ihren Ausführungen.

Lernen Sie die *Einwandbehandlungen* zu beherrschen (vgl. nächstes Kapitel). Verwenden Sie positive Worte, und seien Sie begeistert. Nur wer selbst begeistert ist, kann auch andere begeistern. Prüfen Sie bitte, inwieweit Sie diese Grundregeln bei Ihrer Gesprächsführung beherzigen.

Bemühen Sie sich, jeden Tag eine andere Grundregel besonders anzuwenden.

Zusammenfassung:
1. Lernen Sie, richtig zuzuhören und hinzuhören!   ❏
2. Konzentrieren Sie sich auf die Kundeninteressen!   ❏
3. Trainieren Sie die zehn rhetorischen Grundregeln!   ❏

Aktionsfrage   Welche *rhetorischen Grundregeln* werden Sie als nächste anwenden?

_____

_____

_____

7. Erfolgreicher Umgang mit Scheinargumenten

Annahmen verändern die Wahrnehmung der Wirklichkeit.

In der täglichen Verkaufspraxis erleben Sie zwei verschiedene Arten von Einwänden:

● Es gibt den *wirklichen Einwand*, einen Grund, der gegen Ihr Angebot spricht oder dagegen zu sprechen scheint. Betrachten Sie diese Einwände als Fragen Ihres Kunden nach mehr Information und als willkommene Chance, die Vorteile lhres Angebotes darzustellen. Mehr zu dieser Art von Einwand erfahren Sie im nächsten Kapitel.

● Außerdem gibt es noch einen unangenehmen Artgenossen des wirklichen Einwandes: den *unwirklichen Vorwand*! „Ein Vorwand ist ein Scheinargument, ein unwirklicher Einwand." Er ist eine „Wand", die Ihr Gesprächspartner „vor-zieht", um sich – zumindest für einen Moment – dahinter zu verstecken (Abb. 18).

Dieser un-wirkliche Ein-wand wird vorgeschoben, um die Wirklichkeit zu verschleiern, um Sie zu vertrösten oder einem Gespräch oder Auftrag auszuweichen. Typische *Vorwände*, die häufig auftauchen, lauten:

„Ich habe keine Zeit."
„Ich habe kein Interesse."
„Melden Sie sich später nochmal."
„Ich habe kein Geld."
„Schicken Sie mir erstmal einen Prospekt."
etc.

Hinter solch einer *Vor-Wand* fühlt sich Ihr Gesprächspartner sicher verborgen.

Und genau darum bedarf es Ihrer besonderen *Aufmerksamkeit*. Denn Sie dürfen nicht gegen einen ersten Einwand argumentieren,

Abb. 18: Vor-wand statt Ein-wand

Argumentieren Sie niemals direkt gegen einen ersten Einwand, bis Sie sicher sind, ob es sich um einen Vorwand handelt oder nicht!

wenn Sie nicht sicher wissen, ob es ein „wirklicher Einwand" ist. Es könnte ja ein Vor-wand sein, und gegen einen Vorwand dürfen Sie niemals argumentieren.

Nie gegen einen Vor-wand argumentieren!

Wenn Sie also vermuten, daß es sich um einen Vor-wand handeln könnte, dürfen Sie diesen auf keinen Fall entkräften. Sie würden damit die *Schutz-Wand* Ihres Gesprächspartners zum Einsturz bringen, ihn entblößen und ihm eher psychologische Niederlagen zufügen. Die dadurch entstehende Atmosphäre würde Ihr weiteres Verkaufsgespräch gefährden.

Vorwand/Einwand-Unterscheidungstechnik

Damit Sie gar nicht erst in eine unangenehme Situation geraten, empfehlen wir Ihnen eine *Vorwand/Einwand-Unterscheidungstechnik*, mit der Sie diese Situationen glanzvoll meistern werden:

Hat Ihr Gesprächspartner seinen *Einwand*, von dem Sie nicht wissen, ob es eventuell ein *Vorwand* ist, erst einmal genannt, gehen Sie nach folgendem *Beispiel* vor:

Der Kunde sagt: „Ihr Angebot ist viel zu teuer." Diese Aussage des Kunden kann ein wirklicher Einwand oder ein Vorwand, eine Schutzbehauptung, sein. Ihre Reaktion könnte wie folgt lauten: „Angenommen, wir können uns über den Preis einigen, würden Sie die Maschine dann anschaffen?"

a) Antwortet Ihr Gesprächspartner mit „Ja, in diesem Fall würde ich die Maschine kaufen", dann war sein Einwand ein *wirklicher Einwand*, und Sie können mit Ihrem Gespräch zielgerichtet fortfahren.

b) Antwortet Ihr Gesprächspartner jedoch mit „Auch wenn wir uns über den Preis einigen könnten, würde ich die Maschine nicht kaufen", dann wird Ihnen spätestens klar, daß es sich um einen *Vorwand* handelte und Sie nicht dagegen argumentieren dürfen.

Ihre nächste Frage sollte dann etwa so lauten: „Wenn ich Sie richtig verstehe, gibt es noch einen weiteren Grund, der Sie bedenklich stimmt?"

Ihr Gesprächspartner wird jetzt einen *neuen Grund* nennen, gegen den Sie nicht argumentieren dürfen, bis Sie sich dessen sicher sind, ob es wieder ein Vorwand ist oder nicht.

Wenden Sie nun die eben erlernte Technik etwas geändert *erneut* an: „Vorausgesetzt, Herr Kunde, Sie könnten sich überzeugen, daß Ihre Bedenken grundlos sind, würden Sie dann zustimmen?" Diese Technik wenden Sie mit anderer Wortwahl so lange an, bis Ihr Kunde Ihnen zustimmt! Erst dann dürfen Sie den zuletzt vorgebrachten Grund als „wirklichen Einwand" behandeln. Wie, das erfahren Sie in den folgenden beiden Kapiteln.

Die eben erlernte Technik ist für Sie pures Gold wert und sollte so lange trainiert werden, bis sie Ihnen hundertprozentig vertraut ist.

Zusammenfassung:
1. „Wirkliche *Einwände*" signalisieren Interesse – behandeln Sie diese wie Informations-*Fragen*. ❏
2. "Unwirkliche *Vorwände*" dienen als Schutz-Wand: Sie dürfen *nie* dagegen *argumentieren*! ❏
3. Trainieren und praktizieren Sie die Vorwand/Einwand-Unterscheidungstechnik! ❏

Aktionsfrage　Wann hatten Sie zuletzt mit *Vorwänden* statt mit *Einwänden* zu tun?

_____

_____

_____

8. Einwandbehandlung als Verkaufschance

> *Der Pessimist sieht in jeder Chance ein Problem,*
> *der Optimist sieht in jedem Problem eine Chance.*

Nachdem wir im letzten Kapitel zwischen Vorwänden und Einwänden unterschieden haben, wenden wir uns der *Einwandbehandlung* zu. Viele Verkäufer betrachten Einwände leider als Blockaden und Hindernisse, so daß ein schneller und einfacher Auftrag unwahrscheinlich ist.

Einwände als Chancen

Einwände werden vom Verkäufer oft als „nein" des Kunden interpretiert. Dem ist nicht so. Der Verkäufer mit der richtigen Einstellung, mit der positiven Verkäuferpersönlichkeit, betrachtet Einwände als *Chancen*, dem Kunden zu zeigen, daß er bereit und willens ist, Kundenwünsche zur vollsten Zufriedenheit zu erfüllen.

Einwände als Fragen

Außerdem bieten Einwände die Möglichkeit, die spezielle Situation, die Bedürfnisse, die Probleme und Anforderungen, aber auch eventuelle Bedenken unserer Kunden zu erkennen. Betrachten wir Einwände als *Fragen*, die uns Gelegenheit geben, die Vorteile unseres Angebotes erneut zu präsentieren.

Einwände = Interesse

Fragen bestätigen *Interesse*. Aus der Erfahrung wissen wir, daß Kunden, die keine Einwände und Fragen vorbringen, oft auch kein Interesse haben, es sei denn, alles ist so klar, daß sie nur darauf warten, endlich unterschreiben zu dürfen.

Bei der Einwandbehandlung kommt es nicht darauf an, recht zu bekommen oder zu behalten. Es geht vielmehr darum, die Kernfrage des Einwandes zu erkennen und gegebenenfalls durch *Rückfragen* zu präzisieren.

Sie erfahren dadurch auch, worauf der Kunde hinaus will, und laufen nicht Gefahr, etwas zu beantworten, was gar nicht gefragt war.

Es lohnt sich nicht, eine *Argumentation* zu gewinnen und dadurch einen möglichen Kunden zu verlieren. Andererseits sind hart erkämpfte Kunden oft treuer als schnelle „Ja-Sager", die Folgeaufträge dem nächstbesten Verkäufer erteilen.

Wenn Sie einen Einwand wirklich einmal nicht beantworten können, dann geben Sie dies *offen* zu, und vereinbaren Sie mit Ihrem Kunden einen Zeitpunkt, bis wann Sie seine Frage zu seiner Zufriedenheit klären werden.

Zusammenfassung:
1. *Einwände* des Kunden sind *Chancen*, seine Wünsche besser kennenzulernen! ❏
2. *Fragen* des Kunden bestätigen sein Interesse und seine Noch-nicht-Kaufbereitschaft! ❏
3. Riskieren Sie nicht, eine *Argumentation* zu gewinnen, den Kunden aber zu verlieren! ❏

Aktionsfrage   Wie können Sie die *Kundenwünsche* und -bedürfnisse noch besser erfragen?

_____

_____

_____

9. Elf Techniken zur Behandlung von Kundeneinwänden

> *Ob Sie denken, Sie können es oder Sie können es nicht –*
> *in beiden Fällen haben Sie recht.*

Zur Behandlung von Kundeneinwänden sollten Sie folgende elf Techniken kennen und trainieren:

> ### 1. Die „Ja-aber-Technik"

Sie wird oft als *Standard* angewendet. Sie bestätigt zuerst den Einwand und formuliert ihn dann um.

Beispiel:

„Ja, der Produktionsvorgang dauert zwar länger, aber dadurch gewinnen Sie eine viel bessere Qualität."

Noch bessere Wirkung erreichen Sie, wenn Sie das „Ja" durch eine andere zustimmende Formulierung wie „gut" oder „Da stimme ich Ihnen zu" ersetzen. Statt „aber" verwenden Sie „sicherlich", „allerdings", „jedoch" oder ein ähnliches Wort.

Beispiel:

„Da stimme ich Ihnen zu, allerdings erhöhen wir dadurch die Qualität Ihrer Produkte." oder
„Grundsätzlich könnten wir günstiger sein, jedoch erfordert die Funktionssicherheit eine besonders aufwendige Verarbeitung."

2. Die „Vorwegnahme-Technik"

Sie kann Ihnen im täglichen Verkaufsgespräch eine wichtige Hilfe sein. Als erfahrener Verkäufer kennen Sie natürlich die häufigsten Einwände Ihrer Kunden. Bei der Vorwegnahme-Technik sprechen Sie den Einwand selbst aus. Sie kommen Ihrem Gesprächspartner zuvor, beweisen somit, daß Sie sich dieses eventuellen Einwandes bereits bewußt sind, und präzisieren im nächsten Satz Ihre Ausführungen oder beantworten selbst die im Einwand versteckte Frage.

Sie behalten so die Gesprächsführung im Griff und vermeiden, in eine Widerspruchs- oder Verteidigungsposition gedrängt zu werden.

Beispiel:

„Man könnte zwar meinen, daß die Geschwindigkeit der Maschine zu langsam sei, jedoch hat die Erfahrung unserer meisten Kunden gezeigt, daß es dadurch zu einer wesentlich besseren Qualität kommt."

Nennen Sie dann einen *Vorteil* Ihres Angebotes, der den selbst aufgeführten *Einwand entkräftet*. Wohl jedes Produkt hat für bestimmte Zwecke auch Schwachpunkte. Diesen Schwachpunkten stehen normalerweise viele *Stärken* gegenüber. Sollten Ihnen *Schwachpunkte* Ihres Produktes bekannt sein, finden Sie eine geeignete Anzahl von Stärken und besonderen Vorteilen, welche die Schwachpunkte um ein Vielfaches überwiegen. Die Anständigkeit einer ehrbaren und ehrlichen Verkäuferpersönlichkeit verbietet es allerdings, über wirklich vorhandene Schwächen hinwegzutäuschen. Sie könnten sich damit einen unzufriedenen Kunden schaffen, der Ihnen durch Negativ-Werbung mehr schadet, als wenn Sie einen Auftrag verschenken würden.

3. Die „Rückfrage-Technik"

Sie hilft Ihnen, *Zeit* zu gewinnen, den Einwand näher zu beleuchten und zu präzisieren. Oft genug werden Sie feststellen, daß Ihr Gesprächpartner gar nicht das meint, was er gerade gefragt hat. Schaffen Sie ihm und sich selbst durch eine Rückfrage *Klarheit*. Oft wird der Einwand dadurch bereits abgeschwächt, oder er beantwortet sich von selbst.

Beispiel:

„Wenn ich Sie richtig verstehe, meinen Sie, daß durch die Erhöhung der Endverbraucherpreise eine neue Situation entsteht."

4. Die „Nachteil-Vorteil-Technik"

Sie gibt Ihnen die Möglichkeit, einen berechtigten Einwand zuzugeben, diesen aber im nächsten Satz durch einen besonderen Vorteil gering erscheinen zu lassen.

Beispiel:

„Die Druckplatte muß zwar geringfügig öfter erneuert werden, andererseits gewinnen Sie dadurch eine gleichbleibend brillante Qualität Ihrer Drucke."

5. Die „Relations-Technik"

Sie eignet sich im Verkaufsgespräch besonders, wenn es um *laufende Verpflichtungen* wie Leasingraten oder Versicherungsprämien geht. Sie setzen die einzelnen Größen in Relation zueinander. Bei dieser Methode gibt es verschiedene Variationen.

● **Variante A:**
Sie setzen die hohe Leistung in Relation zur geringen monatlichen Zahlung.

Beispiel:

„Für eine geringe Prämie von monatlich DM 30,- erhalten Sie bei Vollinvalidität bereits eine Kapitalauszahlung von DM 650.000,–!"

● **Variante B:**
Sie rechnen die monatliche Zahlung auf eine kleinere Zeiteinheit um.

Beispiel:

„Die Prämie beträgt nur DM 1,– pro Tag."

● **Variante C:**
Sie ermöglicht den deutlichsten Relationseffekt durch Kombination von Variante A und B.

Beispiel:

„Für eine Prämie von nur DM 1,- pro Tag erhalten Sie bei Vollinvalidität bereits eine Kapitalauszahlung von DM 650.000,–."

---

6. Die „Umkehrungs-Technik"

Sie bietet Ihnen die Gelegenheit, einen vom Gesprächspartner herausgestellten *Nachteil* in einen *(scheinbaren) Vorteil* umzuwandeln. Diese Technik ist manchmal recht verblüffend und darum mit *Vorsicht* und Bedacht anzuwenden.

Beispiel:

„Die neue Verpackung ist zwar nicht ganz so praktisch wie die alte, doch gerade darum konnten wir die Herstellungskosten um 30 Prozent senken."

7. Die „Ablenk-Technik"

Sie findet bei aufrichtigen Beratern und Verkäufern wenig Platz. Sie kann ins Spiel gebracht werden, wenn Ihr Gesprächspartner ganz offensichtlich nicht ernstgemeinte oder spaßige Einwände bringt, zu denen Sie keine Stellung nehmen können oder wollen. Zur Ablenkung bringen Sie einen *neuen Aspekt* ins Gespräch, nachdem Sie die Aussage Ihres Gesprächspartners bestätigt haben.

Beispiel:

Kundenfrage: „Wo glauben Sie, sollen wir das Geld hernehmen, um Ihre teuren Produkte zu bezahlen?"
Antwort: „Da haben Sie recht, das ist ein sehr wichtiger Gesichtspunkt – Haben Sie aber einen schönen Brieföffner: Haben Sie den aus Hongkong mitgebracht?"

8. Die „Rückstell-Technik"

Sie gibt Ihnen die Möglichkeit, einen Einwand nicht sofort behandeln zu müssen. Sie machen sich Notizen und äußern die Bitte, *später* darauf zurückkommen zu dürfen. Die meisten Kunden stimmen Ihrem Vorschlag zu. Oft erledigen sich zu früh gestellte Einwände automatisch im Laufe des Beratungs- oder Verkaufsgespräches.

Beispiel:

„Ihre Frage ist sehr wichtig, Herr Kunde. Ist es Ihnen recht, wenn ich sie anschließend ausführlich beantworte?" oder
„Ist es Ihnen recht, wenn wir uns den Ablauf nachher anhand einer praktischen Vorführung ansehen?"

Wenn Sie Ihren *Vorschlag* in eine *Frage* kleiden und die Meinung und Zustimmung Ihres Gesprächspartners dazu einholen, vermeiden Sie, daß er sich überrumpelt oder nicht ernstgenommen fühlt.

9. Die „Erfahrungs-Technik"

Sie gestattet es, einen früheren eigenen oder fremden Irrtum oder *Fehler* zu *korrigieren*. Der Einwand wird als scheinbar berechtigt akzeptiert, wobei aber gleichzeitig darauf verwiesen wird, daß auch andere schon diesem Irrtum erlegen sind, bei genauerer Untersuchung den Fehler jedoch erkannt haben.

Beispiel:

„Die meisten unserer Kunden nahmen anfangs an, daß unser XY-Produkt sich am Markt nicht durchsetzen werde, stellten aber im praktischen Einsatz eine hervorragende Akzeptanz fest." oder „Zuerst dachte Herr Kunert auch, daß er keinen Zweit-Fotokopierer benötigen würde, sparte dann aber so viel Zeit und Wege, daß er ihn heute nicht mehr entbehren möchte."

10. Die „Öffnungs-Technik"

Sie hat sich bewährt, wenn Ihr Gesprächspartner zögert und nur „schweigende Einwände" bringt, indem er sich gar nicht äußert. Sprechen Sie Ihren Kunden direkt auf den *Grund* seiner *Zurückhaltung* an. Mögliche nicht geäußerte Einwände bringen Sie dann rechtzeitig in Erfahrung. Kleiden Sie Ihren Satz in eine *offene Frage*.

Beispiel:

„Welcher dieser Vorschläge entspricht Ihren Wünschen am ehesten?"

Die Anwendung der Öffnungstechnik wird meistens nur notwendig, wenn vorher bereits gravierende Fehler in der Gesprächsführung gemacht wurden. Geben Sie Ihrem Kunden durch sinnvolle Fragen von Anfang an Gelegenheit, sich an einem *partnerschaftlichen* Beratungs- oder *Verkaufsgespräch* zu beteiligen.

Mit dieser Technik stellen Sie fest, ob nach Besprechung aller Einzelheiten und aller Einwandbehandlungen die Lage für beide Parteien gleichermaßen klar ist. Sie erkennen so sehr schnell, ob noch Unsicherheiten, Bedenken oder andere Gründe Ihren Kunden von einer positiven Entscheidung abhalten.

Beispiel:

„Wenn wir diesen Punkt noch zu Ihrer vollen Zufriedenheit klären, wann können wir dann mit der Lieferung beginnen?" oder
„Sind alle Fragen zu Ihrer vollen Zufriedenheit geklärt?"

Darüber hinaus gibt es noch Steigerungsformen, wenn Sie sich dessen sicher sind, daß einem Verkaufsabschluß keine sachlichen Einwände mehr im Wege stehen.

Beispiel:

„Wünschen Sie die erste Lieferung noch in dieser oder erst in der nächsten Woche?" oder
„Zu welchem Termin sollen unsere Monteure beginnen?"

Als positive Verkäuferpersönlichkeit sind Sie vom Kundennutzen überzeugt und erwarten Ihren Verkaufserfolg. Es gibt viele Gründe, die für Ihren Erfolg sprechen, und grundsätzlich nur wenige oder keine, die dagegen sprechen.

Hinweis 1:

Sie erleichtern sich Ihre Verkaufstätigkeit und Ihr Leben, wenn Sie die 20 häufigsten Kundeneinwände schriftlich festhalten und jeden Einwand mindestens zweimal mit einer der vorgenannten elf Techniken behandeln. Sie erhalten im Ergebnis *440 Einwand-Behandlungen*, die Sie für jeden Fall wappnen und Sie jedes Beratungs- und Verkaufsgespräch ruhig und sicher gewinnen lassen.

Hinweis 2:

Wenn Sie mehrere Kollegen haben, veranstalten Sie mit maximal 6 Personen einen *Brainstorming-Workshop*, in dem Sie alle Einwände notieren, die Ihnen und Ihren Kollegen einfallen, ganz gleich, ob diese Einwände berechtigt sind oder nicht.

Anschließend sollte jeder Teilnehmer schriftlich zu jedem Argument eine *Einwandbehandlung* formulieren. Sie werden sehen, welch ungeheures Potential kreativer Lösungen sich ergibt, die Sie dann zu einem Katalog zusammenfassen können.

Zusammenfassung:
1. Heften Sie ein Merkblatt aller Einwandbehandlungs-Techniken in Ihr *Zeitplanbuch*! ❏
2. Variieren Sie die von Ihnen verwendeten Einwandbehandlungen in jedem *Gespräch*! ❏
3. Erstellen Sie eine *Liste* der wichtigsten Kunden-Einwände mit den dazu passenden *Argumenten*! ❏

Aktionsfrage   Welche vergangenen *schwierigen Gesprächssituationen* hätten Sie mit welchen *Einwandtechniken* besser lösen können?

_____

_____

_____

10. Methoden zur Neukunden-Gewinnung

Der Mensch ist ein ziel-strebiges Wesen:
Nur meistens strebt er zu viel und zielt zu wenig.

Eine einfache Regel besagt: Je mehr Telefongespräche Sie führen, desto mehr Beratungs- und Verkaufstermine können Sie wahrnehmen. Und je mehr Beratungs- und Verkaufsgespräche Sie führen, desto mehr Aufträge werden Sie erhalten (Abb. 19). Das ist so sicher, wie Sie jetzt gerade dieses Buch lesen. Angenommen, Sie hätten vom Verkaufen und von Ihren Produkten nicht die geringste Ahnung:
Nach dem *Gesetz der Masse* würden Sie regelmäßig irgendwann auf einen Interessenten stoßen, gegen dessen Auftrag Sie sich einfach nicht wehren können. Nachdem Sie den Inhalt dieses Trainings-Programms kennen, warten Sie natürlich nicht auf Väterchen Zufall, sondern nehmen die effiziente und aktive Neukunden-Gewinnung selbst in die Hand.

Und zwar mit *zwei Methoden*, die Ihre Auftragschancen von vornherein beträchtlich erhöhen:

Vollreferenz-Methode

Die erste Methode nennt sich die *Vollreferenz-Methode*: Während Ihres Beratungs- und Verkaufsgespräches haben Sie, bedingt durch die von Ihnen verwendeten Techniken, auch Informationen über das persönliche und berufliche Umfeld Ihres Gesprächspartners erhalten oder gar „Gemeinsamkeiten" festgestellt. Sicher ist Ihr neuer Kunde auch Mitglied in einem Club, Verband, Verein, hat Freunde, Bekannte, Kollegen und befreundete Firmen, Auftraggeber wie Auftragnehmer.

Nachdem Ihr Kunde Ihnen einen *Auftrag* erteilt hat und Sie ihm zu seiner Entscheidung gratuliert haben, ist seine Motivation normalerweise so groß, daß er gerne bereit ist, Ihnen *Empfehlungsadres-*

Man muß Termine machen,

um Resultate zu erzielen!

sen zu nennen. Nehmen Sie dann ein DIN-A4-Blatt zur Hand, und fragen Sie Ihren Kunden:

„Wen kennen Sie aus einem Verein oder aus Ihrer Firma, der unser Produkt oder unsere Dienstleistung genauso gut gebrauchen kann wie Sie?" oder:
„Für welche Kollegen könnten die Informationen, die Sie von mir erhalten haben, auch von Vorteil sein?"

Variieren Sie die Fragen entsprechend den speziellen Anforderungen. Lassen Sie sich dann *fünf Namen* nennen, die Sie links – untereinander, mit jeweils 5 Zentimetern Zwischenraum – auf Ihr Blatt schreiben. Fragen Sie Ihren Kunden dann nach Anschrift und Telefonnummer der genannten Personen, die Sie gleich an der entsprechenden Stelle mit notieren und somit für später festhalten.

Sie besitzen jetzt *fünf Voll-Referenzen* mit Namen, Anschriften und Telefonnummern. Gehen Sie noch einen Schritt weiter, und fragen Sie Ihren Kunden, wen von diesen fünf Personen er *zuerst* ansprechen würde – und vor allem – nach dem Warum!

Sie erhalten durch diese Frage weitere Auskünfte und wertvolle Informationen über Ihre zukünftigen Kunden, die Sie jetzt in der Reihenfolge ihrer Wichtigkeit ansprechen können.

Sie entfernen sich durch diese Methode weit vom Zufall und erhöhen Ihre Chance, das Pareto-Prinzip voll zu nutzen, wodurch Sie mit 20 Prozent Ihres Einsatzes 80 Prozent Ihres Erfolges erzielen (vgl. S. 125 f.).

Wenn Sie bei Lieferung, nach Durchführung des Auftrages, bei Überreichung einer Versicherungspolice oder eines Dokumentes noch einmal fünf Vollreferenzen erhalten, haben Sie von nur einem Kunden *10 qualifizierte Adressen* bekommen. Trainieren Sie diese Methode, wenden Sie sie regelmäßig an, und Sie werden mehr Empfehlungen empfangen, als Sie in Ihrem Leben je bearbeiten können.

Kollegen-Referenz-Methode

Die zweite Methode nennt sich die *Kollegen-Referenz-Methode*. Sie ist eigentlich noch einfacher: Tauschen Sie mit Vertriebskollegen anderer Branchen, die nicht in Konkurrenz zu Ihnen stehen, Adressen möglicher Kunden für Ihre Produkte und Dienstleistungen aus. Auch hier erhalten Sie vorab wertvolle Informationen. Treffen Sie sich wöchentlich, und tauschen Sie Informationen aus.

Wenn Sie beide Methoden regelmäßig anwenden, wird der Zufluß von hochinteressanten Empfehlungen nie versiegen.

Zusammenfassung:

1. Je mehr *Kontakte* Sie schließen, desto mehr Aufträge erhalten Sie (Gesetz der Masse)! ❏

2. Fragen Sie Ihre *Kunden* nach 2 mal 5 Empfehlungsadressen (*Vollreferenz*-Methode)! ❏

3. Tauschen Sie mit Kollegen anderer Branchen Kunden-Adressen aus (*Kollegen-Referenz*-Methode)! ❏

Aktionsfrage   Wann und wo werden Sie zum nächsten Zeitpunkt die *Vollreferenz-Methode* einsetzen?

_____

_____

_____

3. Teil:

Mit Zeitmanagement zum Erfolg

1. Notwendigkeit schriftlicher Erfolgsplanung

> *Jeder macht, was er will, keiner macht,*
> *was er soll, aber alle machen mit.* (Planungspraxis)

Kommt Ihnen diese Redensart bekannt vor? Ohne *Planung* kann vieles nicht richtig funktionieren. In jedem Unternehmen muß daher vorausgedacht werden (Abb. 20): Personalplanung, Finanzplanung, Produktionsplanung oder Absatzplanung sind Begriffe, die für jeden eine Selbstverständlichkeit geworden sind. Wenn wir in unseren Seminaren hingegen fragen: „Wer von Ihnen setzt sich jeden Tag hin und schreibt systematisch auf, was er/sie am nächsten Tag erledigen will?", dann melden sich nur wenige Teilnehmer.

Wie ist das bei Ihnen? Eine konsequente *schriftliche Erfolgs- und Zeitplanung* ist für die meisten Menschen ungewohnt. Hin und wieder – oder unter extremen Bedingungen – hat sich jeder schon aufgerafft zu planen, aber regelmäßig?

$$\boxed{\text{Professionelles Planen = Schriftlich}}$$

Wir möchten Sie motivieren, schriftlich und täglich zu planen, am besten mit einem professionellen Werkzeug, einem *Zeitplanbuch*. Bedenken Sie einmal, welche Vorteile Ihnen die schriftliche Planung bietet:

● Sie gewinnen einen permanenten Überblick und regelmäßige *Kontrolle*.

● Das Gedächtnis erfährt eine spürbare *Arbeitsentlastung*.

● Sie lassen sich nicht so leicht ablenken und konzentrieren sich auf das *Wesentliche*.

● Wenn Sie erledigte Dinge abhaken oder durchstreichen können, ist dies doch ein echtes *Erfolgserlebnis*.

Abb. 20: Schriftlichkeit als grundlegendes Planungsprinzip

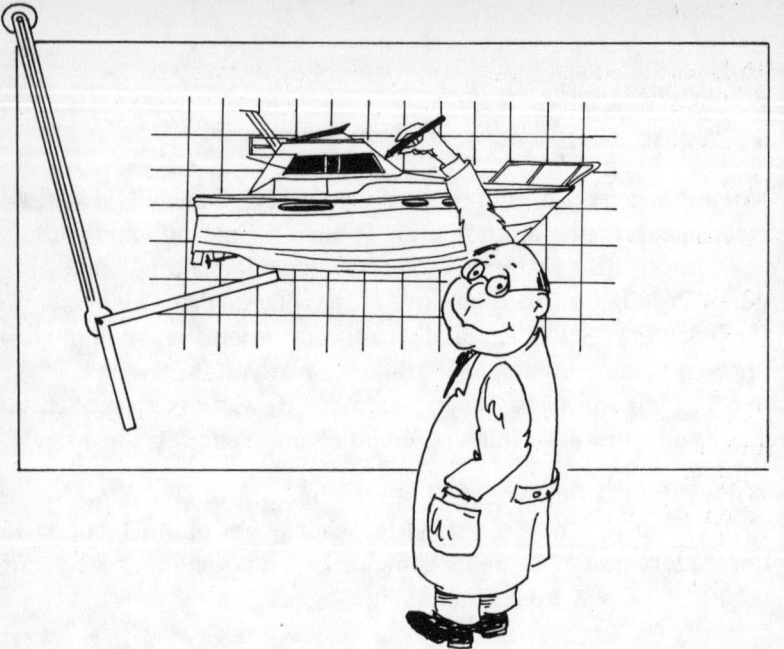

Jedes Gebäude und jedes Schiff wird vor Baubeginn von Architekten und Ingenieuren in allen Einzelheiten in Form von schriftlichen Plänen „vorgedacht". Eine exakte Planung vermindert den Zeitaufwand bei der Durchführung.

Auch Ihre Erfolge können Sie schriftlich planen. Sie führen sich so Ihre Ziele täglich vor Augen und verlieren nie den Überblick.

- Ohne Mehraufwand können diese Zeitpläne *dokumentiert* und aufgehoben werden.

- Ist es nicht auch für Sie von Vorteil, noch einmal *nachschauen* zu können, wann Sie wo gewesen sind oder mit welchem Kunden Sie telefoniert haben?

- Der entscheidende Vorteil dabei ist die Aktivierung Ihres *Unterbewußtseins*.

- Ein schriftlich fixierter Plan hat den psychologischen Effekt einer *Selbstmotivation* zur Arbeit.

Ihr *Unterbewußtsein* arbeitet Ihre Vorhaben schon durch und hält mögliche Lösungen bereit. Sie haben so Ihren Plan bereits verinnerlicht und sind auf seine Erreichung programmiert. Ihre Aktivitäten bei der Bewältigung des Tagesgeschäfts erhalten eine positive Richtung und werden auf die straffere Verfolgung der Tagesziele ausgerichtet.

Früher haben Sie sicherlich einmal gehört: „Der muß sich das aufschreiben, der hat's aber nötig!" Wir meinen: Eben genau deshalb! Notwendig – um Erfolg zu haben, um Ziele zu erreichen, um weiterzukommen, ist die konsequente Planung. Wir möchten Sie dafür gewinnen, alle Ihre Gespräche, Aktivitäten und Vorhaben *schriftlich* zu planen, damit Sie diese auch erreichen. Ihr Erfolg ersetzt jede Diskussion über die Methode, wie Sie dorthin gekommen sind.

> ### Planung als Voraussetzung für Erfolg

Wir möchten, daß Sie *Erfolg* haben! Haben Sie ab sofort immer eine schriftliche Planungshilfe zur Hand! Oder haben Sie dafür angeblich keine Zeit? Dann kennen Sie die Geschichte mit der Säge noch nicht (vgl. Seiwert, Das 1×1 des Zeitmanagement, München/Landsberg 1992):

Ein Spaziergänger geht durch einen Wald und begegnet einem Waldarbeiter, der hastig und mühselig damit beschäftigt ist, einen Baumstamm in kleinere Teile zu zersägen. Der Spaziergänger tritt näher heran, um zu sehen, warum der Holzfäller sich so abmüht, und sagt dann: „Entschuldigen Sie, aber mir ist da etwas aufgefallen: Ihre Säge ist ja total stumpf! Wollen Sie sie nicht einmal schärfen?" Darauf stöhnt der Waldarbeiter erschöpft auf: „Dafür habe ich keine Zeit, ich muß sägen!"

Wann wollen Sie Ihre Säge schärfen?

Zusammenfassung:
1. Schriftliche Planung bringt Sie Ihren *Zielen* näher! ❏
2. Schriftliche Planung aktiviert Ihr *Unterbewußtsein*! ❏
3. Schriftliche Planung verursacht Ihre *Erfolge* methodisch! ❏

Aktionsfrage   Welche positiven Erfahrungen haben Sie mit *schriftlichem Denken* und Arbeiten gemacht?

_____

_____

_____

2. Zielsetzung und Zieldefinition

> *Wenn wir nicht wissen, wohin wir wollen,*
> *ist es gleichgültig, welchen Weg wir gehen.*
> (Chinesische Weisheit)

Ohne ein *Ziel* ist – im Grunde genommen – alles, was Sie planen und anschließend tun wollen, sinn- und zwecklos. Erfolgreiche Persönlichkeiten wissen, was sie wollen, und konzentrieren sich wie ein Bogenschütze zu *einer* Zeit nur auf *ein* Ziel (Abb. 21). Für Ihre Erfolgsplanung und Ihr persönliches Zeitmanagement bedeutet dies, sich regelmäßig Zeit zu nehmen, um Ihre Ziele zu fixieren und deren Verwirklichung zu planen. Nur wer seine Ziele auch schriftlich definiert hat, behält in der Hektik des Tagesgeschehens noch den Überblick.

Er setzt auch unter größter Arbeitsbelastung die richtigen *Prioritäten*. Er versteht es, seine Fähigkeiten optimal einzusetzen, um schnell und sicher das Gewünschte zu erreichen. Anfangs schaffen es viele Führungskräfte und deren Mitarbeiter noch, sich durch ausgefeilte Zeitplantechniken und gute Arbeitsmethoden besser zu organisieren.

An einem ohnehin streßreichen 12-Stunden-Tag erreichen sie noch ein oder zwei Kunden mehr als andere oder erledigen an ihrem wöchentlichen Bürotag fünf zusätzliche Dinge.

> Zielsetzung = erster Schritt zum Erfolg

Zu guter Letzt haben sie zwar immer noch keine Zeit und sind wesentlich mehr im Streß – jedoch wesentlich besser organisiert. Schriftliche Ziele zu setzen ist daher der erste Schritt zum Erfolg. Ohne schriftliche Planung gehen Sie im hektischen Arbeitsalltag unter. Nach diesem ersten Schritt, dem *Warum*, ist der zweite Schritt, das *Wie*, die Planung der Zielerreichung.

Erfolgreiche Persönlichkeiten haben konkrete Zielvorstellungen. Soll Ihr Leben als Ganzes erfolgreich sein, muß ein durchdachtes Lebenskonzept dahinter stehen, das heißt: klare private und berufliche Ziele, die Sie bewußt anstreben.

Der Mensch braucht ein Ziel, für das er sich mit ganzer Kraft einsetzen kann, genau wie der Pfeil eines Bogenschützen mit ganzer Kraft nur einem Ziel entgegenstrebt und auch nur ein Ziel erreichen kann.

Der Wegbereiter und Erfinder des Zeitplanbuchs, Dr. Gustav Großmann (heute HelfRecht-System, Bad Alexandersbad), sprach in seiner Erfolgslehre schon vor über 60 Jahren von *Wie-Plänen*: Von der methodischen Verursachung des eigenen Erfolges. Was aber sollten Sie konkret tun?

Nehmen Sie sich gleich einmal Zeit, und schreiben Sie alle Ihre beruflichen und persönlichen Ziele auf, die Sie in naher Zukunft erreichen wollen. Verlieren Sie dabei Ihre langfristigen Ziele, insbesondere Ihr *Lebensziel*, nicht aus den Augen. Greifen Sie sich dann ein Ziel heraus: zum Beispiel die Neukundengewinnung. Definieren Sie Ihr Ziel so genau wie möglich.

Zieldefinition – aber richtig

Ein echtes *Ziel* muß drei Bedingungen erfüllen, sonst bleibt es nur ein Wunsch, ein Vorsatz – und wird nie konkret im Alltag in Angriff genommen. Diese drei Bedingungen lauten:

- Ihr Ziel muß *meßbar* sein. Zum Beispiel: Die Akquisition von zusätzlich 5 Neukunden pro Woche.

- Ihr Ziel muß auch *erreichbar* sein, sonst wird jede Planung und jedes Bemühen in der Praxis unrealistisch. Motivation kann dann schnell in Frustration umschlagen. Die Realität des Tagesgeschäfts wird Sie sonst bald wieder einholen.

- Ihr Ziel muß *planbar* sein. Dies bedeutet, Fristen und Termine zu setzen. In unserem Beispiel kann das heißen: 5 Neukunden bis einschließlich nächsten Freitag.

Nehmen Sie sich nun fünf oder auch zehn Minuten Zeit, und erstellen Sie eine *Liste Ihrer Ziele* (Abb. 22): Was möchten Sie in Ihrem Beruf, in Ihrer Karriere in der nächsten Zeit erreichen? Was möchten Sie privat, zum Beispiel in Familie und Freizeit, erreichen? Und denken Sie einmal darüber nach: Was möchten Sie in Ihrer Lebenszeit, die Sie noch vor sich haben, erreichen?

Abb. 22: Liste beruflicher und persönlicher Ziele

✍ Liste meiner Ziele

Berufliche Ziele Nr.	Zieldefinition	Meß-bar?	Mach-bar?	Plan-bar?	Erste Aktionsschritte, Maßnahmen zur Zielerreichung	Wann erled.?	OK ?

Persönliche Ziele Nr.	Zieldefinition	Meß-bar?	Mach-bar?	Plan-bar?	Erste Aktionsschritte, Maßnahmen zur Zielerreichung	Wann erled.?	OK ?

Zusammenfassung:
1. Fixieren Sie Ihre beruflichen und privaten *Ziele*, und planen Sie ihre Verwirklichung! ❏
2. Setzen Sie die richtigen *Prioritäten*, um schnell und sicher das Gewünschte zu erreichen! ❏
3. Arbeiten Sie nach Wie-*Plänen*, d.h., fragen Sie sich, was Sie als nächstes *konkret* tun werden! ❏

Aktionsfrage Welches Ihrer *Ziele* wollen Sie als nächstes angehen, und welches motiviert Sie am meisten?

_____

_____

_____

3. Planung der Zielerreichung

> *Zum Erfolg gibt es keinen Lift –*
> *man muß die Treppe benutzen!*

Die Festlegung Ihrer Ziele ist bereits die erste Stufe zum Erfolg. Sie kommen also nur voran, wenn Sie auch überlegen, wie Sie die gesetzten Ziele erreichen. *Planung* ist Vorbereitung zur Verwirklichung von Zielen und Strukturierung von *Zeit*. Werden Sie in Ihrem persönlichen Arbeitsbereich Ihr eigener Zeit-Unternehmer, und planen Sie den Einsatz Ihrer knappen Zeit für die Erreichung Ihrer Ziele!

Als nächsten Schritt Ihrer *Ziel- und Zeitplanung* nehmen Sie wieder ein Blatt zur Hand, beispielsweise einen Projekt-Plan (Abb. 23), und schreiben alles das auf, was Sie im einzelnen tun müssen, um Ihr Ziel bis zum genau festgelegten Termin tatsächlich zu erreichen. Je konkreter und faßbarer diese einzelnen Schritte und Maßnahmen sind, desto besser. Es sollten Aktivitäten sein, die Sie zum vorgesehenen Zeitpunkt direkt in Angriff nehmen können. Zum Beispiel: Kontaktieren Sie eine Woche lang jeden Tag fünf potentielle Kunden aus Ihrer Interessenten-Datei.

Teilschritte planen

Vermerken Sie darin unbedingt, *wann* diese einzelnen Schritte in Angriff genommen und wann sie abgeschlossen sein sollen. In unserem Beispiel könnte das heißen: „Neues Verkaufskonzept ausarbeiten" bis zum Ende des Monats und „telefonische Nachakquisition" im Laufe des nächsten Monats. Haben Sie mehrere Ziele, die aus vielen verschiedenen Aufgaben bestehen, verwenden Sie für jedes Ziel eine eigene Aktivitäten-Checkliste, einen Projektplan oder etwas Ähnliches. Bis hierher schaffen es noch viele erfolgsorientierte Planer.

Abb. 23: Projekt-Plan zur Zielerreichung

**Projekt-Planung/
Aufgaben-Steuerung**

Titel:

Heutiges Datum: Vorgesehener Endtermin:

Beschreibung
des
Projektes:

Ziel und
beabsichtigte
Resultate:

Prio- rität A | B | C	Beschreibung der Teilaufgabe	Zeit- aufw.	Delegiert an	Beginn	Kontroll Termin	Fertig bis	OK

Nach der Planungseuphorie verschwinden diese Vorhaben jedoch nach und nach in der hintersten Schreibtisch-Schublade. Denn die Praxis zeigt: Das unmittelbare Tagesgeschäft à la „Ich muß erst mal Umsatz machen und für die Kunden da sein." ist scheinbar immer zuerst zu erledigen. Für anderes bleibt meist keine Zeit, und die beste langfristige Planung wird oft „über den Haufen geworfen". Planung heißt dann nur noch: „Zufall durch Irrtum ersetzen."

Wir sehen das ein wenig anders. Denn es gibt einen sicheren Weg, wie Sie dies umgehen können: Führen Sie sich Ihre kleineren *Aktionsschritte*, die Sie Ihren Zielen näherbringen, *jeden Tag* vor Augen.

Monatliche Prioritäten-Liste

Da sich Ihre Vorhaben und Zielpläne meist über längere Zeit, etwa mehrere Monate, erstrecken, verlieren Sie sonst zu schnell den Überblick im ständigen Kampf draußen an der Verkaufsfront. Der Volksmund sagt an dieser Stelle: „Aus den Augen – aus dem Sinn!" Hier hilft Ihnen eine monatliche *Prioritäten- oder Aktivitäten-Checkliste* (Abb. 24), auf der Sie alle Teil-Aktivitäten aus Ihren verschiedenen Ziel- oder Projektplänen eintragen, die in dem betreffenden Monat in Angriff genommen werden sollen.

Selbstdisziplin – Schlüssel zum Erfolg

Selbstdisziplin bringen nur die wenigsten Menschen auf – erfahrungsgemäß nicht einmal 5 Prozent. Von der anderen Seite betrachtet, heißt das: Wenn Sie die Selbstdisziplin konsequent aufbringen, sind Sie 95 Prozent aller Menschen überlegen! Ist das interessant für Sie? Der methodisch ebenso einfache wie geniale Schritt ist nun, daß Sie Ihr *tägliches* Tun auf Ihre mittel- und langfristigen Ziele ausrichten müssen. Stellen Sie sich zwei Zahnräder vor, die unmittelbar ineinandergreifen und sich gegenseitig drehen. Zerlegen Sie bitte gleich heute abend einmal ein großes Ziel in viele

Abb. 24: Aktivitäten-Checkliste

**Aktivitäten-Checkliste/
Aufgaben-Kontrolle**

atum	Prio-rität A B C	Aktivität/Aufgabe	Delegiert an	Beginn	Fertig bis	OK

kleine, leicht durchführbare Schritte, die einzelnen Zacken Ihres Zahnrades.

Wenn Sie es heute nicht tun – wann dann? Selbstdisziplin ist nicht alles – aber ohne Selbstdisziplin ist alle Planung nichts! Der nächste Schritt besteht darin, sich jeden Tag seine Ziele und die dazu notwendigen Schritte bildlich vorzustellen.

Zusammenfassung:

1. Zerlegen Sie Ihre Ziele in konkrete *Aktionsschritte* mit festgelegten *Terminen*! ❏
2. Führen Sie eine monatliche *Prioritäten-Liste* mit allen Teilaktivitäten zur Zielerreichung! ❏
3. Richten Sie Ihr *tägliches Tun* an Ihren mittel- und langfristigen Zielen aus! ❏

Aktionsfrage   Welche drei *Ziele* wollen Sie in konkrete *Planungsschritte* umsetzen?

_____

_____

_____

4. Planung nach der 25.000-Dollar-Methode

> *Kleine Taten, die man ausführt,*
> *sind besser als große, die man plant.* (George Marshall)

Es hat wenig Sinn, wenn wir uns an großen Vorhaben berauschen, die nur in unserer Phantasie zu verwirklichen sind. Sie sollten sich also im *Tagesgeschäft* auf die sogenannten kleinen Taten konzentrieren, diese dann aber wirklich realisieren.

> Viele kleine Aktivitäten, richtig geplant, ergeben wiederum ein großes Ganzes!

Dazu eine kleine Geschichte: Sie handelt von *Charles Schwab*, einem amerikanischen Manager, der seine liebe Not mit Erfolgsplanung und Zeitmanagement hatte. Eines Tages ließ er sich darum einen Berater kommen, der für gute Problemlösungen bekannt war, und betraute ihn mit folgender Aufgabe:

„Nennen Sie mir eine ebenso einfache wie effektive Möglichkeit, meine Zeit besser zu nutzen." Der Berater, Ivy Lee, gab Schwab ein Blatt Papier und sagte: „Schreiben Sie die wichtigsten Dinge, die Sie morgen zu erledigen haben, auf, und numerieren Sie diese in der Reihenfolge Ihrer Bedeutung! Fangen Sie dann morgen früh als erstes mit der wichtigsten Aufgabe an, und bringen Sie diese zu Ende, ohne irgend etwas anderes zu beginnen. Überprüfen Sie dann Ihre Prioritäten und erledigen Sie die zweitwichtigste Aufgabe, die drittwichtigste und so fort. Auch wenn Sie Ihren Zeitplan nicht komplett erfüllen können, ist das nicht tragisch. Sie stellen so jedoch sicher, die wichtigsten Dinge an diesem Tag erledigt zu haben."

> Erfolgsformel: täglich!

Der Schlüssel zum Erfolg liegt also darin, es *täglich* zu tun. Auf die Frage nach dem Honorar räumte der Berater ein: „Arbeiten Sie konsequent nach dieser Methode, und übersenden Sie mir dann den Betrag, den Sie für angemessen halten." Was meinen Sie, was nach einigen Wochen passiert ist? Mister Schwab schickte einen Scheck über 25.000 Dollar!

Abb. 25: Tagesplan-Formular

Tagesplan

Datum   /   19

⏱		Termine	OK	✉ ☎		Kontakte	O▶
08							
09							
10							
11							
12							
13							
14				Prio-rität	Zeit-bed.	Aufgaben	
15							
16							
17							
18							
19							
20							
21						Statistik	
22							
						Privat	
						Tagesziel	

Abb. 26: 50:50-Regel

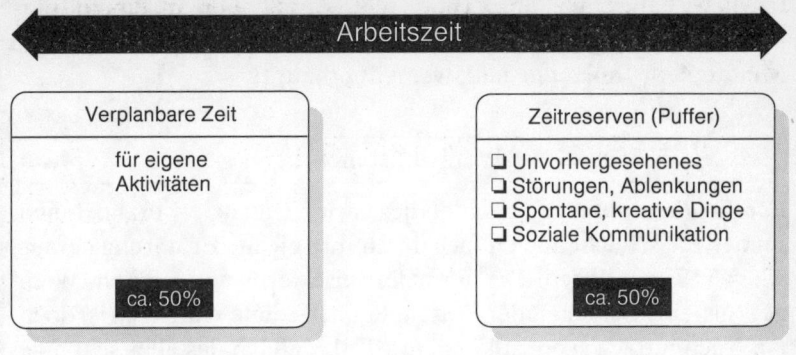

Dies ist kein Märchen, sondern eine wahre Begebenheit. Mister Schwab wurde später Präsident des Unternehmens. Er sagte im Rückblick auf seine Managementkarriere, daß dies die wichtigste Lektion gewesen sei, die er je über Management gelernt habe!

50:50-Regel

Gewöhnen Sie sich ab heute an, jeden Abend einen *Plan* für den nächsten Tag zu machen. Er sollte so selbstverständlich werden wie das abendliche Zähneputzen und Weckerstellen. Verplanen Sie dabei nicht zuviel (Abb. 26): *50 Prozent*, in manchen Fällen auch 30 Prozent Ihrer Arbeitszeit, sind da gerade richtig.

Wenn Sie an einem Mittwoch nachmittag von Stuttgart nach München fahren wollen und ein schnelles Auto zur Verfügung haben, wieviel Zeit planen Sie für die 230 km? Eine Stunde? Nein, das werden Sie sofort für vollkommen unrealistisch halten; es ist noch nicht einmal nachts zu schaffen. Unvorhergesehene Ereignisse und Störungen, Steigungen, andere Pkws und vieles mehr werden Sie daran hindern! Ist es bei der persönlichen Tagesplanung nicht ähnlich? Auch hier können Sie nur mit einer Durchschnittsgeschwindigkeit rechnen, die realistisch ist. Alles andere, und das ist eine gefährliche Falle, führt nur zu noch mehr *Streß*, aber zu keinem spürbar besseren Ergebnis. Der unerbittliche Raser ist auch nur wenige Minuten vor Ihnen am Ziel, wenn überhaupt!

Weniger ist mehr!

Für die *Tagesplanung* bedeutet dies, sich nicht zuviel vorzunehmen. Finden Sie schlicht und einfach durch Ihre eigene Erfahrung heraus, wieviel Sie von Ihrem Tag normalerweise verplanen können. Weniger ist mehr! Besser als der Frust über unerledigte Aufgaben ist doch, am Nachmittag sagen zu können: „Toll, daß ich das alles schon geschafft habe. Jetzt habe ich noch eine Stunde Zeit und kann entscheiden, was ich damit mache." Schauen Sie immer auf Ihre *Prioritätenliste* und vergewissern Sie sich, ob Sie auch das tun, was Sie Ihren *Zielen* näher bringt! Setzen Sie sich gleich heute hin, und machen Sie Ihren Tagesplan für morgen (Abb. 25)! Wir meinen:

Jetzt ist der beste Augenblick!

Zusammenfassung:
1. Machen Sie sich jeden Abend einen motivierenden *Plan* für den nächsten Tag! ❑
2. Verplanen Sie nicht zuviel: 50 %, manchmal sogar 70 % Ihrer Arbeitszeit sollten als *Puffer* dienen! ❑
3. Überprüfen Sie anhand Ihrer Prioritätenliste, ob das Geplante Sie Ihren *Zielen* näher bringt! ❑

Aktionsfrage Welche sind Ihre drei wichtigsten, *zielwirksamen Aktivitäten* für morgen?

_____

_____

_____

5. Steigerung des Arbeitserfolges

> *Das Wichtige ist selten dringlich, und*
> *das Dringliche ist selten wichtig.* (Planungspraxis)

Haben Sie Lust, ein kleines Experiment zu machen? Dann nehmen Sie einen gespitzten Bleistift zur Hand. Drücken Sie mit der Längsseite des Bleistifts auf Ihren Handrücken, so stark Sie können! Tut's weh? Vielleicht ein bißchen. Obwohl Sie viel Energie aufgewendet haben, hält sich Ihr Schmerz vermutlich in Grenzen.

Nun nehmen Sie denselben Bleistift und setzen ihn mit der Spitze auf Ihren Handrücken. Üben Sie jetzt etwas Druck mit dem Bleistift aus. Merken Sie den Unterschied? Wahrscheinlich ist der Schmerz nun deutlich größer... und das ohne großen Druck! Wie kommt es, daß Sie mit weniger *Aufwand* (in unserem Fall: Druck mit der Bleistiftspitze) deutlich mehr *Erfolg* (in unserem Fall: Schmerz) erreicht haben? Richtig! Sie haben Ihre Kraft auf einen Punkt *konzentriert*!

80:20-Regel (Pareto-Prinzip)

Die bekannte *80:20-Regel* – auch *Pareto-Prinzip* genannt, – beschreibt diesen Zusammenhang so (Abb. 27): Mit 20 Prozent des Aufwandes erreichen Sie 80 Prozent Ihres Erfolges! Zu schön, um wahr zu sein? Die Regel gilt allerdings nur unter einer Bedingung, nämlich daß Sie sich auf die richtigen 20 Prozent *konzentrieren*, also die *richtigen Prioritäten* setzen. Das fällt nicht immer leicht. Wir müssen uns auf wenige Ziele, am besten auf eines, konzentrieren.

Jeder Jäger weiß: „Der Hund, der viele Hasen jagt, fängt letztlich keinen." Viele Menschen gleichen Kindern, die sofort alles stehen- und liegenlassen, wenn sich neue Ablenkungen präsentieren. Damit verzetteln Sie Ihre Energie und drehen die 80:20-Regel um:

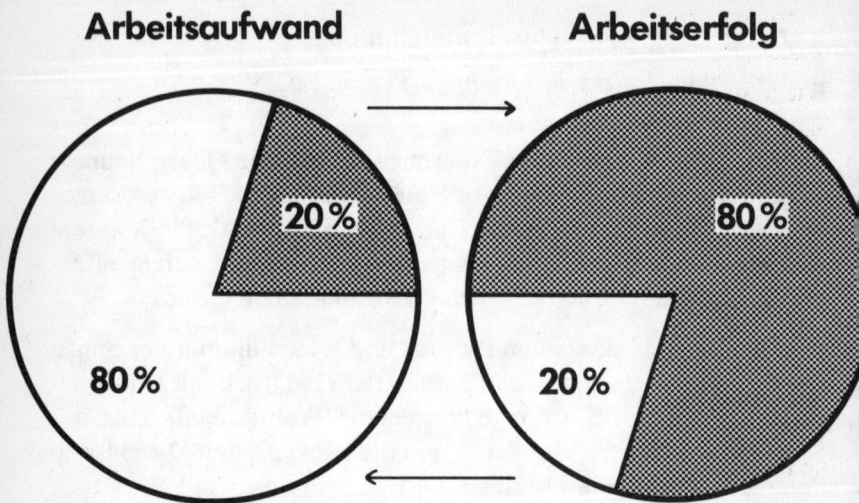

Das Pareto-Prinzip, die bekannte 80:20-Regel, besagt, daß Sie mit 20% Ihres Aufwandes 80% Ihres Erfolges erreichen. Vorausgesetzt, Sie konzentrieren sich auf die richtigen 20% und setzen die richtigen Prioritäten. Andernfalls verzetteln Sie Ihre Energie und drehen die 80:20-Regel um: Mit 80% Ihres Aufwandes erreichen Sie dann nur noch 20% Ihres Erfolges.

Mit 80 Prozent Ihres Aufwandes erreichen Sie nun nur noch 20 Prozent Ihres Erfolges!

Richtige Prioritätensetzung

Wie aber setzen Sie *Prioritäten* und konzentrieren sich auf die *richtigen 20 Prozent*? Zwei einfache Fragen helfen Ihnen, Prioritäten am Arbeitsplatz schnell und sicher zu setzen. Stellen Sie sich ab heute, wenn Sie Ihren nächsten Tag planen, diese beiden Fragen:

● **1. Frage:**
Welche Aufgabe bringt mich morgen meinen langfristigen *Zielen* um einen Schritt näher?

Mit dieser Frage bleiben Sie Ihren Zielen auf der Spur. Ihr Erfolg wird planbar – vorausgesetzt natürlich, Sie haben Ihre Ziele übersichtlich in Einzel-Aktivitäten aufgeteilt und terminiert!

● **2. Frage:**
Bei welcher Aufgabe steht das meiste *Geld* auf dem Spiel?

Mit dieser Frage trennen Sie schnell die Spreu vom Weizen und konzentrieren sich auf das wirklich Wichtige! Eine wertvolle Regel, wie Sie die wichtigsten Aufgaben des Tages erfolgreich bearbeiten können, kennen Sie schon: Erinnern Sie sich daran, was Ivy Lee dem Manager Charles Schwab empfahl? Er sagte:

„Schreiben Sie die wichtigsten Dinge, die Sie morgen zu erledigen haben, auf, und numerieren Sie diese in der Reihenfolge ihrer Bedeutung. Fangen Sie morgen früh als erstes mit der wichtigsten Aufgabe an, und bringen Sie diese zu Ende, ohne etwas anderes zu beginnen. Überprüfen Sie danach die Prioritäten, und beginnen Sie mit der 2. Aufgabe. Bringen Sie diese Aufgabe ebenfalls zu Ende, und gehen Sie dann zu Aufgabe Nummer 3 über und so weiter."

Wir sind sicher, daß Sie mit dieser Regel Ihr Zeitmanagement entscheidend verbessern werden. Ab jetzt haben Sie jeden Tag das *Wichtigste* schon zu Beginn des Tages erledigt. Können Sie sich vorstellen, wie sehr Sie dieses Vorgehen für den Rest des Tages be-

Abb. 28: Richtige Prioritätensetzung

Setzen Sie Prioritäten, und entscheiden Sie, welche Aufgaben erstrangig, zweitrangig und welche nachrangig zu erledigen sind. Stellen Sie sich zwei Fragen, wenn Sie Ihren nächsten Tag planen:

1. Frage:
Welche Aufgabe bringt mich morgen meinen langfristigen Zielen einen Schritt näher?

2. Frage:
Bei welcher Aufgabe steht das meiste Geld auf dem Spiel?

flügeln wird? Abends kommen Sie mit dem beruhigenden Gefühl nach Hause, wirklich etwas geschafft zu haben – statt geschafft zu sein.

Zusammenfassung:
1. Konzentrieren Sie Ihre Kräfte auf *Pareto-Aktivitäten*! ❏
2. Fragen Sie: Was trägt am meisten zur *Ziel*erreichung bei? ❏
3. Fragen Sie: Wo steht das meiste *Geld* auf dem Spiel? ❏

Aktionsfrage   Welche Aktivität bringt Sie diese *Woche* Ihren *Zielen* am meisten näher?

_____

_____

_____

6. Zeitdiebe im Verkauf

> Es gibt Diebe, die nicht bestraft werden und
> dem Menschen doch das Kostbarste stehlen: die Zeit. (Napoleon)

Was soll ein Verkäufer in erster Linie tun? „Verkaufen, natürlich", werden Sie sagen. So natürlich ist das aber nicht! Was schätzen Sie, wieviel Prozent der Arbeitszeit Verkäufer im Durchschnitt auch tatsächlich verkaufen? Es sind meist nur zehn, manchmal fünfzehn Prozent der Arbeitszeit, die beim Kunden verbracht werden (Abb. 29). Keinesfalls können wir auf 100 Prozent kommen, denn schon die Reisezeit selbst macht oft bereits ein Drittel des Zeitbudgets aus. Ihr Ziel muß sein, eine möglichst hohe *aktive Verkaufszeit* zu erreichen!

Zeitdiebe identifizieren

Welche sind Ihre größten *Zeitdiebe*? Meistens sind es die anderen, die einem die Zeit stehlen. Selbstkritisch betrachtet, ist man/frau aber selbst an *Zeitverlusten* genauso beteiligt. Andererseits kann sich niemand auf Dauer dem Tagesgeschäft und den vielfältigen Ansprüchen der Kunden, Kollegen und Vorgesetzten entziehen. Jeder will alles sofort, am besten schon vorgestern! Eigene und fremde Zeitfresser zusammen können jeden Tag bis zu einer Stunde Zeit und mehr kosten. Rechnen Sie dies auf Ihre Jahresarbeitszeit hoch, ergibt sich eine drastische Zahl von Zeitverlusten (Abb. 29).

Markieren Sie in Abbildung 30, in welchem Umfang der jeweilige *Zeitdieb* Sie persönlich betrifft oder auftritt. Ist er besonders typisch, geben Sie 100 Prozent. Bei normaler Ausprägung gehen Sie auf 50 Prozent. Andere Störhäufigkeiten markieren Sie entsprechend zwischen 0 und 100.

Abb. 29: Zeitanalyse im Verkauf

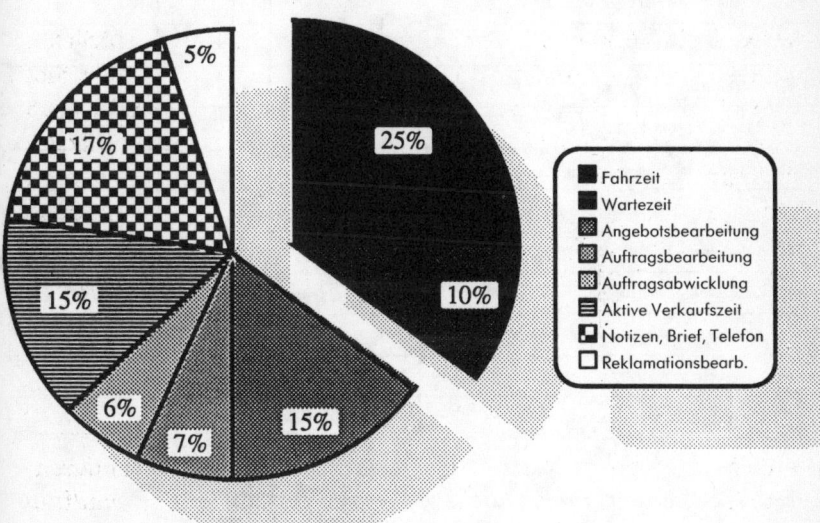

Quelle: GEFFROY & OECHSLER GmbH, Düsseldorf

Im Durchschnitt werden 35% der Arbeitszeit für Fahr- und Wartezeit aufgewendet, in den meisten Fällen sogar 50%. Unter Berücksichtigung weiterer „Nebentätigkeiten" verbleiben nur ca. 15% aktive Verkaufszeit beim Kunden.

Innendienst und Kundendienst fühlen sich oft unterfordert. Delegieren Sie wenigstens 2% jeder „Nebentätigkeit" an diese Kollegen. Sie verdoppeln dadurch fast Ihre aktive Verkaufszeit und somit auch Ihren Erfolg und den Erfolg Ihres Unternehmens.

Abb. 30: Eigene und fremde Zeitdiebe im Verkauf

(Quelle: Geffroy/Seiwert, Zeitmanagement für Verkäufer, Landsberg 1993, S. 22 f.)

✎ Welche *eigenen Zeitdiebe* gibt es im Verkauf?

	0	10	20	30	40	50	60	60	70	80	90	100
(1) Aufschieberitis und Unentschlossenheit												
(2) Fehlende Selbstdisziplin												
(3) Unfähigkeit, „nein" zu sagen												
(4) Zu lange Telefonate												
(5) Zu lange Verkaufsgespräche												
(*) .... (Ihre Version)												
(6) Ablenkungen dankbar akzeptieren												
(7) Unkonzentriertes Arbeiten												
(8) Alles selber tun wollen												
(9) Fehlende Planung und Selbstorganisation												
(10) Überperfektionismus, alles wissen wollen												

✎ Welche *fremden Zeitdiebe* gibt es im Verkauf?

	0	10	20	30	40	50	60	60	70	80	90	100
(1) Mitarbeiter mit großem Mitteilungsbedürfnis												
(2) Telefonische Unterbrechungen												
(3) Langwierige Abteilungsbesprechungen												
(4) Unnötige, unvorhergesehene Aufgaben (Chef!)												
(5) Interner Postverteiler (zuviel Infos!)												
(*) .... (Ihre Version)												
(6) „Feuerwehraktionen" bei Kunden												
(7) Zusammenstellung von Verkaufsunterlagen												
(8) Unnötige Rückfragen wegen fehlender Infos												
(9) Unerledigte Nachverkaufsaktivitäten												
(10) Fehlende Kundenkartei oder Statistiken												

- Vielleicht gehört dazu das *Telefon*, eine sehr paradoxe Einrichtung. Einerseits ist es trotz moderner Technik immer noch das schnellste und direkteste Kommunikationsmittel, andererseits auch der größte Zeitfresser überhaupt! Zu lange Telefonate oder auch zu lange Kundenbesuche haben oft ihre Ursache in einer fehlenden Vorbereitung. Wer sein Ziel vorher bestimmt und alle erforderlichen Unterlagen bereithält, wird sich auch am Telefon auf das Wesentliche konzentrieren. An jeder Telefonzelle steht: „Fasse Dich kurz!"

- Sicher kennen Sie die *Aufschieberitis*, das permanente Hinauszögern unangenehmer Aufgaben! Erledigen Sie solche Dinge künftig als erstes. Sonst kann es Ihnen passieren, daß Sie einen ganzen Tag verlieren.

- *Unentschlossenheit* führt zu Zeitverlusten, weil die daraus entstehenden Scheinaktivitäten nicht zielorientiert sind. Mitarbeiter, Kollegen und Chefs mit einem ausgeprägten Mitteilungsbedürfnis kosten ebenfalls Zeit. Jedem kann es passieren, daß er selbst zuviel Unwesentliches erzählt und nicht zum Kern der Sache kommt. Stellen Sie sich darum die Frage: „Was ist das Wesentliche an der Information, die ich in diesem Augenblick vermitteln will?" „Würde ich ein Telegramm aufgeben, was wäre die Botschaft?" So sparen Sie Zeit durch weniger ausführliche Erklärungen.

- Einen anderen Zeitfresser finden wir bei der Bewältigung der *Papierflut* im Büro: Viele Menschen neigen zum Perfektionismus, alles muß hundertprozentig sein. Vereinfachen Sie Ihren Schriftverkehr, indem Sie Ihre Briefe handschriftlich als Sofort-Antwort bearbeiten. Notieren Sie Ihr „Wird Erledigt" oder Ihre „Stellungnahme" am Rand, und schicken Sie das Original zurück. Für Ihre Akten ziehen Sie davon eine Kopie. Zwei Vorgänge – ein Blatt Papier. Gut ist besser als perfekt! Werfen Sie einfach mehr weg als bisher. Fragen Sie sich: Was würde passieren, wenn ich diesen Vorgang nicht bearbeite und einfach vergesse? Der Papierkorb ist der beste Freund des Menschen – im Büro!

Abb. 31: Zeitdiebe im Verkauf

Es sind meist nur 15% Ihrer Arbeitszeit, die Sie beim Kunden verbringen. Welches sind Ihre größten Zeitdiebe?

● Der letzte Zeitdieb in unserer Aufzählung ist die Neigung, alles selbst zu tun. Wir können auch sagen: *zu wenig Delegation.* Wenn Sie die Möglichkeit haben zu delegieren, dann tun Sie es! Investieren Sie mehr Vertrauen in andere – auch wenn es niemand so gut macht wie Sie! Delegieren Sie alles weg, was andere für Sie tun können, etwa das, was der Innendienst erledigen könnte.

Wenn Sie niemanden zum Delegieren haben, prüfen Sie, ob Schreibbüros, Bürodienste, EDV-Büros und Kurier-Dienste für Sie von Nutzen sein können.

Es gibt noch viele weitere Zeitfresser. Um herauszufinden, wie Sie Ihre Zeit wirklich verwenden, führen Sie einfach eine *Zeitinventur* durch. Halten Sie fest, was Sie den ganzen Tag tun und wie lange es dauert. Notieren Sie Störungen sowie Unterbrechungen, und vergessen Sie deren Gründe sowie Dauer nicht. Wenn Sie dies zwei Wochen konsequent durchhalten, wissen Sie anschließend, wo Sie Zeit verlieren, und können daraus einen *Maßnahmenplan* ableiten.

Wann fangen Sie damit an?

Zusammenfassung:

1. *Zeitdiebe* stehlen Verkäufern und Außendienst-
   mitarbeitern viel Zeit. ❏
2. *Eigene* Zeitdiebe können durch persönliche Einstellung
   und konsequentes Verhalten geändert werden. ❏
3. *Fremde* Zeitdiebe lassen sich vor allem durch das
   Wort „Nein" oder „Nicht jetzt" in den Griff bekommen. ❏

Aktionsfrage   Welche *Zeitdiebe* wollen Sie als nächstes in Angriff nehmen – gleich morgen?

_____

_____

_____

7. Zielwirksame Gesprächsvorbereitung

> *Eine erfolgreiche Gesprächsvorbereitung ist*
> *schon das halbe Verkaufsgespräch.*

Ein *erfolgreicher Verkäufer*, der in seiner Firma mehr Abschlüsse schaffte als jeder andere und trotzdem mehr Freizeit hatte als die meisten seiner Kollegen, wurde um das *Geheimnis* seines Erfolges gebeten. „Ohne gründliche Vorbereitung ist das Kundengespräch reine Zeit- und Geldverschwendung", antwortete er. „Wenn ich nichts über meinen Kunden weiß, wenn ich nicht weiß, welche Probleme ihm zu schaffen machen und was ihm wichtig ist, dann gehen meine Lösungen an seinem Bedarf vorbei. Viel schlimmer noch, ich mache es sowohl mir als auch dem Kunden schwer, eine für uns beide erfolgreiche Beziehung aufzubauen. Also setze ich alles daran, alle wichtigen Fakten zu bekommen und zu ordnen, bevor ich auf den Kunden treffe – und genau das ist mein Erfolgsgeheimnis!"

Denken Sie einmal an ein erfolgreiches Gespräch zurück, auf das Sie sich gut vorbereitet hatten:

- Welchen Nutzen brachte Ihnen Ihre Vorarbeit?

- Fühlten Sie sich sicherer?

- Waren Sie besser auf kritische und entscheidende Situationen vorbereitet?

- Kamen Sie schneller zu einem erfolgreichen Abschluß?

- Hinterließen Sie bei Ihrem Gesprächspartner einen kompetenten und vertrauenswürdigen Eindruck?

$$\boxed{\text{7-Punkte-Check-up}}$$

Wir sind sicher, daß Sie zumindest einen Teil dieser Vorteile für sich verbuchen konnten! Sie werden auch Ihr nächstes Gespräch erfolgreich führen, wenn Sie schon jetzt *sieben Fragen* beantworten können:

❑ **1. Frage:**

Was ist das *Ziel* Ihres nächsten Gespräches?
Führen Sie kein Verkaufsgespräch ohne klare, meßbare Zielsetzung!

❑ **2. Frage:**

Welche *Kunden-Vorinformation* besitzen Sie?
Haben Sie genügend Informationen über Ihren Gesprächspartner, das Unternehmen und das Problem, das Sie für ihn lösen wollen? Wenn nicht, woher bekommen Sie diese Informationen?

❑ **3. Frage:**

Welche Unterlagen oder *Präsentationsmittel* benötigen Sie?
Haben Sie alles dabei, um einen rundum kompetenten Eindruck zu hinterlassen?

❑ **4. Frage:**

Wie wollen Sie das *Gespräch eröffnen?*
Der erste Eindruck ist oft entscheidend. Ihr Kunde wird ständig mit Informationen überschüttet. Wie können Sie sein Interesse wekken?

❑ **5. Frage:**

Welche *Besprechungspunkte* wollen Sie anschneiden?
Führen Sie kein Verkaufsgespräch ohne roten Faden!

❑ **6. Frage:**

Welche *Einwände* können kommen?
Noch haben Sie Ruhe zu überlegen, wie Sie diese Einwände kompetent und sachlich entkräften können.

❑ **7. Frage:**

Was sind Ihre besonderen *Stärken?*
Wodurch unterscheiden Sie sich von anderen Anbietern?

Einfache *Besprechungsplan-Checklisten*, wie sie in guten Zeitplan-Büchern enthalten sind, helfen Ihnen, sich schriftlich vorzubereiten (Abb. 32). So können Sie sicher sein, daß Sie im entscheidenden Augenblick an alles denken und nichts vergessen. Gute Vorbereitung lohnt sich! Oder haben Sie dafür angeblich keine Zeit? Denken Sie an die Geschichte mit der Säge! Nehmen Sie sich jetzt Zeit, Ihr nächstes Gespräch schriftlich vorzubereiten. Jede dafür eingesetzte Minute wird Sie automatisch sicherer und erfolgreicher machen. Können Sie es sich leisten, darauf zu verzichten?

Check-up: 7 × Zielwirksame Gesprächsvorbereitung	
1. Ziel des Gesprächs?	❑
2. Notwendige Kunden-Vorinformationen?	❑
3. Benötigte Unterlagen, Präsentationsmittel?	❑
4. Gesprächseröffnung?	❑
5. Besprechungspunkte?	❑
6. Mögliche Einwände?	❑
7. Besondere Stärken, Unterscheidungsmerkmale?	❑

Abb. 32: Gesprächsvorbereitung – Formular

Systematische Gesprächs-Vorbereitung

Meine Zielsetzung/ Benötigte Unterlagen	
Gesprächs-Eröffnung	
Was könnte der Engpass des Kunden sein?	
Mein Lösungs-Vorschlag	
Erwartete Einwände	
Meine Gegen-Argumente/ Stärken	

Notizen/Analyse/Bewertung

Sofort zu veranlassen:

Zusammenfassung:

1. Beeindrucken Sie Ihren Gesprächspartner durch gute *Vorbereitung*! ❏

2. *Planen* Sie ein Verkaufsgespräch wie Ihren Tag – schriftlich! ❏

3. Benutzen Sie Besprechungsplan-*Checklisten* oder andere Formulare! ❏

Aktionsfrage   Welche nächsten *Verkaufsgespräche* können Sie gleich nach dem 7-Punkte-Check-up *vorbereiten*?

_____

_____

_____

8. Nutzung der Leistungskurve

> *Statt daß nach beßrer Zeit ihr schreit,*
> *macht selber doch die beßre Zeit.* (Alter Spruch)

Wir möchten Ihnen nun einige Anregungen geben, wie Sie tagsüber die Zeiten Ihrer natürlichen Hochs noch besser nutzen können. Jeder Mensch unterliegt im Laufe des Tages in seiner *Leistungsfähigkeit* gewissen Schwankungen (Abb. 33):

❏ Gehören Sie zum Typ *Abend-Mensch*, der morgens nur mit Mühe in Gang kommt, erst am Nachmittag aktiv wird und sich dann in der Nachtarbeit voll entfaltet?

❏ Oder sind Sie eher ein typischer *Morgen-Mensch*, dem es abends schwerfällt, die Augen offenzuhalten?

Je mehr Sie in *Harmonie* mit Ihrer persönlichen Leistungskurve arbeiten, um so leichter werden Sie sich tun. Schwierige Aufgaben, im Leistungstief angepackt, brauchen oft doppelt so lange!

Morgen-Menschen

Was können Sie konkret tun, um gemäß Ihrer Leistungskurve zu arbeiten? Fangen Sie früh an, wenn Sie zu den *Morgen-Menschen* gehören! Betriebliche Gleitzeit macht es heute vielen Frühaufstehern möglich, ihr *Leistungshoch* geschickt zu nutzen. Erscheinen Sie deshalb früh am Arbeitsplatz! Denn nur jetzt werden Sie als „Morgen-Mensch" ungestört und im Vollbesitz Ihrer Energie arbeiten können. Telefon und Kollegen werden Sie kaum ablenken. Erledigen Sie in dieser Zeit als erstes Ihre wichtigste Aufgabe! Sie wissen, wie positiv sich das auf den Rest des Tages auswirken wird!

Was Sie morgens nicht schaffen, werden Sie vermutlich den ganzen Tag nicht fertigbringen. Machen Sie deshalb einen *Termin mit sich*

Abb. 33: Natürliche und persönliche Leistungskurve

Die statistische, durchschnittliche tägliche Leistungsbereitschaft und ihre Schwankungsbreite lassen sich durch folgende Grafik beschreiben:

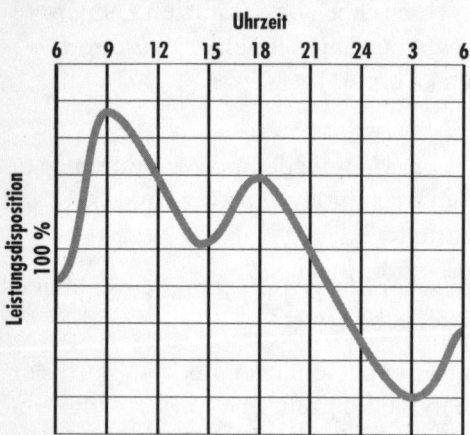

Nach diesen statistischen Durchschnittswerten vieler Tausend Industriearbeiter liegt der *Leistungsschwerpunkt* am Vormittag. Besser „in Form" sind sie während des restlichen Tages nicht mehr.

✍ Ermitteln Sie unbedingt Ihre eigene Leistungskurve.

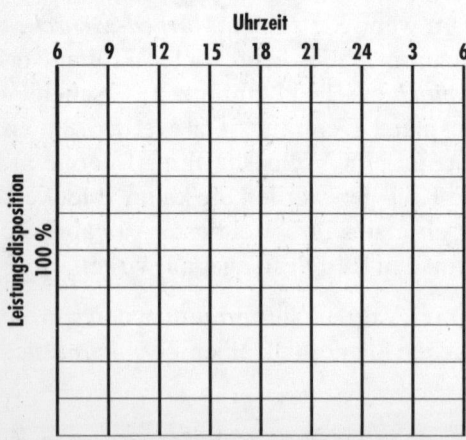

Wichtig ist, daß Sie Ihren persönlichen Tagesrhythmus herausfinden, damit Sie die Erledigung der für Sie wichtigen Dinge während Ihres *Leistungshochs* am Vormittag einplanen können. In Ihrem *Leistungstief* sollten Sie eher Routinetätigkeiten durchführen. Nach dem Anstieg am späten Nachmittag können Sie sich wieder wichtigeren Aktivitäten zuwenden.

selbst. Tragen Sie in Ihren Tagesplan ein, was Sie in der ersten Arbeitsstunde erledigen wollen. Es ist der wichtigste Termin des Tages, denn er entscheidet darüber, wie Sie sich am Ende des Tages fühlen.

Gut werden Sie sich fühlen, wenn Sie in dieser *Stillen Stunde* die wichtigste Aufgabe des Tages erfolgreich abgeschlossen haben. Schützen Sie sich deswegen in dieser Zeit vor allen Störungen!

Als „Morgen-Mensch" sollten Sie grundsätzlich alles, was Sie stark fordert, in den Vormittagsstunden erledigen. In der Zeit des *Leistungstiefs* – also nach der Mittagspause – nehmen Sie sich dann Routine-Aufgaben vor. In den Nachmittagsstunden steigt Ihre Leistungsbereitschaft wieder. Nun können Sie sich auch wichtigeren Aufgaben zuwenden.

Abend-Menschen

Als typischer *Abend-Mensch* sind Sie nachmittags und abends leistungsfähiger als vormittags. Aufgaben, die Ihre ganze Konzentration erfordern, werden Sie daher in den späten Nachmittagsstunden erledigen. Zu diesem Zeitpunkt hat sich in der Regel das Büro geleert, und auch das Telefon klingelt kaum noch. Das macht es leichter, sich vor Störungen und Ablenkungen zu schützen.

Als „Abend-Mensch" müssen Sie jedoch besonders auf eine Balance zwischen Beruf und Feierabend achten – sonst sind Sie „chronisch" noch zu später Stunde an Ihrem Arbeitsplatz zu finden. Darunter leiden Freizeit und Familie. Machen Sie daher einen *Termin mit sich selbst*! Tragen Sie die *Stille Stunde* in Ihren Tagesplan ein, legen Sie fest, welche wichtigste Aufgabe Sie von wann bis wann am späten Nachmittag erledigen werden, und halten Sie sich daran! Danach können Sie sich mit gutem Gewissen Familie und Freizeit widmen. Ihre Familie und Ihre Freunde werden es Ihnen danken!

Zusammenfassung:

1. Nutzen und leben Sie Ihre biorhythmischen *Tageszyklen*! ❏
2. Nutzen Sie als *Morgen-Mensch* das frühe Leistungshoch, und planen Sie eine „Stille Stunde" ein! ❏
3. Reservieren Sie als *Abend-Mensch* Termine mit sich selbst, achten Sie auf rechtzeitigen Feierabend! ❏

Aktionsfrage Wann fühlen Sie sich *persönlich* in *Höchstform*? Zu welchen Zeiten?

_____

_____

_____

9. Überwindung von „Aufschieberitis"

> *Was Du heute kannst besorgen,*
> *das verschiebe nicht auf morgen.* (Volksweisheit)

Erkennen Sie sich in der folgenden Situation wieder? Heute hatten Sie sich vorgenommen – ganz fest vorgenommen! –, gleich zu Arbeitsbeginn die lange aufgeschobene Aufgabe endlich anzupacken und abzuschließen. Dienstbeginn, Ihre Zeit ist gekommen. Ganz in Stimmung, anzufangen, sind Sie allerdings noch nicht: „Erst mal eine Tasse Kaffee, das wird mich in Schwung bringen", sagen Sie sich. 15 Minuten vergehen, während Sie Ihren Kaffee schlürfen und versunken in die Ferne schauen. Gerade wollen Sie anfangen, da klingelt das Telefon. Erleichtert greifen Sie zum Hörer. Obwohl es sonst nicht Ihre Art ist, sind Sie heute nur zu gern bereit, auf alle angebotenen Themen ausführlich einzugehen.

20 Minuten später, das Gespräch ist endlich abgeschlossen, wollen Sie nun wirklich beginnen. Gerade in diesem Moment geht die Tür auf, und ein Kollege steht vor Ihnen. Die Zeit vergeht. Nach 25 Minuten sind Sie wieder allein. Nun hat es auch keinen Zweck mehr anzufangen, in 10 Minuten beginnt eine Besprechung, und danach haben Sie einen wichtigen Termin. Sie haben es wieder einmal geschafft: Die Aufgabe liegt noch immer unbearbeitet vor Ihnen. Heute werden Sie nicht mehr dazu kommen. Dabei wissen Sie ganz genau, wie wichtig es wäre, sie endlich abzuschließen. Wahrscheinlich werden Sie diese Arbeit erst „auf den letzten Drücker" und unter starkem Zeitdruck erledigen – so wie Sie es immer machen. ... Kennen Sie solche Tage? An solchen Tagen zahlen Sie automatisch einen hohen Preis für Ihr *Schieber-Verhalten*: Haben Sie einmal überlegt, wieviel Zeit Sie mit all den unwichtigen Dingen verlieren, die Sie „einschieben", um sich vor der geplanten Aufgabe zu drücken?

Das ist wertvolle *(Lebens-)Zeit*, die Ihnen an anderer Stelle fehlt. Aber nicht nur das: Sie verlieren auch an Energie und innerer Ru-

Abb. 34: Aufschieberitis-Test

(Quelle: Graichen/Seiwert, Das ABC der Arbeitsfreude, München/
Landsberg 1992, S. 11)

✍ Wie hoch ist Ihr **Aufschieberitis-Quotient**?

	fast immer	öfter	fast nie
(1) Ich erfinde Gründe und suche nach *Entschuldigungen* um ein schwieriges Problem aufzuschieben.	o	o	o
(2) Ich brauche *Druck*, um an schwierigen Aufgaben weiter zu arbeiten.	o	o	o
(3) Es gibt zu viele *Unterbrechungen*, die mich abhalten, Wichtiges zu erledigen.	o	o	o
(4) Ich vermeide klare Antworten, wenn ich um *unangenehme Entscheidungen* gebeten werde.	o	o	o
(5) Ich vernachlässige *Kontrolle* und Nachbearbeitung bei wichtigen Projekten.	o	o	o
(6) Ich versuche, daß *andere* unangenehme Dinge für mich erledigen.	o	o	o
(7) Ich nehme *Arbeit mit nach Hause*, um sie abends oder am Wochenende zu erledigen.	o	o	o
(8) Ich bin zu *müde* oder zu *nervös*, um wichtige Aufgaben anzupacken.	o	o	o
(9) Ich muß erst *alles vom Tisch* wegarbeiten, um eine wichtige Aufgabe anzufangen.	o	o	o
(10) Ich vermeide es, mir *Endtermine* zu setzen.	o	o	o
	x3	x2	x1

Auswertung:
— Addieren Sie alle Antworten in den einzelnen Spalten und
— Multiplizieren Sie die Spaltenergebnisse mit
  3 bei „fast immer"
  2 bei „öfter"
  1 bei „fast nie"
— Addieren Sie die Ergebnisse zu Ihrem persönlichen A.Q.

Ist Ihr Aufschieberitis-Quotient   (A.Q.)
  0–10: Sie haben im allgemeinen *keine* Aufschieberitis-Probleme.
11–20: Sie haben *durchschnittliche* Aufschieberitis-Probleme
21–30: Sie haben voraussichtlich *ernsthafte* Aufschieberitis-Probleme.

he. „Aufschieberitis" blockiert Ihre Arbeitsenergie und macht Sie anfälliger für Fehler. Am schlimmsten jedoch: „Schieber"-Verhalten kratzt auf die Dauer auch am Selbstbewußtsein: Wie glaubwürdig sind Sie vor sich selbst und anderen, wenn Sie sich immer wieder etwas vornehmen, was Sie dann nicht tun?

Andererseits haben Sie vieles in Ihrem Leben *erfolgreich* abgeschlossen. Erinnern Sie sich an einen Tag, an dem Sie gleich zu Beginn etwas Unangenehmes oder Schwieriges erledigt hatten: Wie haben Sie sich danach gefühlt? Die Wahrscheinlichkeit ist hoch, daß Sie automatisch einige Belohnungen für Ihr Abschlußverhalten empfingen: So haben Sie sicher den Energiezuwachs verspürt, der Sie für den Rest des Tages – unter Umständen sogar darüber hinaus – beflügelte. Ihr Selbstvertrauen erhielt einen kräftigen Schub, und andere Arbeiten gingen leichter von der Hand. Endlich hatten Sie auch wieder Zeit, guten Gewissens Familie, Freunde und Freizeit zu genießen.

Schluß mit der Aufschieberitis

Um Ihr persönliches Schieber-Verhalten einmal zu analysieren, machen Sie unseren kleinen Test (Abb. 34) mit. Hier können Sie bereits erste konkrete Ansatzpunkte erkennen, wo Ihre persönlichen Engpässe bezüglich Konsequenz und Selbstdisziplin liegen. Dauerhaft – Tag für Tag – werden Sie Ihr Schieber-Verhalten in den Griff bekommen können, wenn Sie folgende Regeln beachten:

● Prüfen Sie vorab kritisch, ob Sie die Schiebe-Aufgabe *wirklich selbst* machen müssen oder ob sie von anderen für Sie erledigt werden kann, vielleicht auch von externen Dienstleistern (Abb. 35).

● Schreiben Sie dann gleich heute als erstes auf Ihre *Aktivitäten-Checkliste*, was Sie augenblicklich schieben – beruflich und privat. Setzen Sie nun neben jede Aufgabe einen *Erledigungstermin*. Fangen Sie noch heute mit einer leicht abzuschließenden

Abb. 35: Delegation statt Aufschieberitis

Nutzen Sie alle Möglichkeiten der Delegation! Entscheiden Sie bei jeder Aufgabe von neuem: Muß ich diese Tätigkeit unbedingt selbst ausführen, oder kann sie nicht ebenso gut (oder noch besser) von einem Mitarbeiter erledigt werden?

Aufgabe an. Gehen Sie danach zu schwierigeren Aufgaben über. Machen Sie es sich zur Gewohnheit, jeden Tag an einer bisher geschobenen Aufgabe zu arbeiten. Schaffen Sie sich bei besonders schwierigen Fällen Verbündete, von denen Sie sich zum vereinbarten Termin fragen lassen können, ob Sie Ihren Vorsatz schon in die Tat umgesetzt haben.

● Nach jedem erfolgreichen Schritt gönnen Sie sich etwas Schönes – und sei es nur eine kleine Kaffeepause (mit Kuchen?). Mit jedem erreichten *Zwischenschritt* und jeder erledigten Schiebe-Aufgabe wächst die Motivation zur Bewältigung der nächsten Herausforderung.

Bereichern Sie jeden Tag um diese *Belohnungen* und *Erfolgserlebnisse*!

Zusammenfassung:

1. Setzen Sie für jede Schiebe-Aufgabe einen konkreten *Erledigungstermin*! ❏

2. Teilen Sie große Aufgaben in kleine auf (*Salami-Taktik*), und legen Sie Termine fest! ❏

3. Belohnen Sie sich für jeden erfolgreichen Schritt (*Erfolgserlebnis*!) ❏

Aktionsfrage   Welche *unangenehmen Schiebe-Aufgaben* können Sie als nächste anpacken und erledigen?

_____

_____

_____

10. Zeitplanbuch als Erfolgswerkzeug

> Die Kunst des Ausruhens ist ein Teil
> der Kunst des Arbeitens. (John Steinbeck)

Zeitmanagement ist *Lebensmanagement*. Gutes Zeitmanagement wird niemals die Frage nach dem Wofür der Zeit aus den Augen verlieren. Jedem Menschen stehen pro Tag die gleiche Zahl von Stunden, Minuten und Sekunden zur Verfügung. Wie Sie diese Zeit nutzen, darin unterscheiden Sie sich von anderen! Sie bleiben in innerer Balance, wenn Ihr *Lebensmanagement* Ihnen ausreichend Zeit für vier Bereiche läßt (Abb. 36):

● 1. Für Ihre *Gesundheit*. Wer dankt es Ihnen, wenn Sie diesen Bereich vernachlässigen?

● 2. Für Ihre *Kontakte* zu Mitmenschen. Nehmen Sie sich Zeit für Ihre Familie, Ihre Freunde und Ihre Mitarbeiter!

● 3. Für Ihre *Arbeit*. Arbeiten Sie zielorientiert. Konzentrieren Sie sich auf das Wesentliche.

● 4. Für die Frage nach dem *Sinn*. Nehmen Sie sich Zeit zum Nachdenken! Überlegen Sie, warum und wofür Sie etwas tun.

Denken Sie einmal über Ihre persönliche Situation und Ihre konkreten Ziele für die verschiedenen *Lebensbereiche* nach:

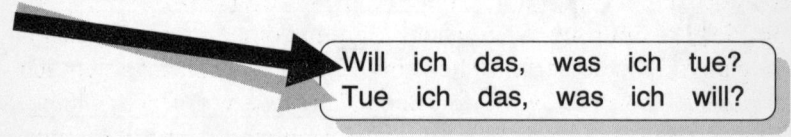

> Will ich das, was ich tue?
> Tue ich das, was ich will?

Gesundheit, Kontakte, Arbeit und Sinn werden in zahlreichen Kulturkreisen als wichtig angesehen. Alle vier *Lebensbereiche* sollen

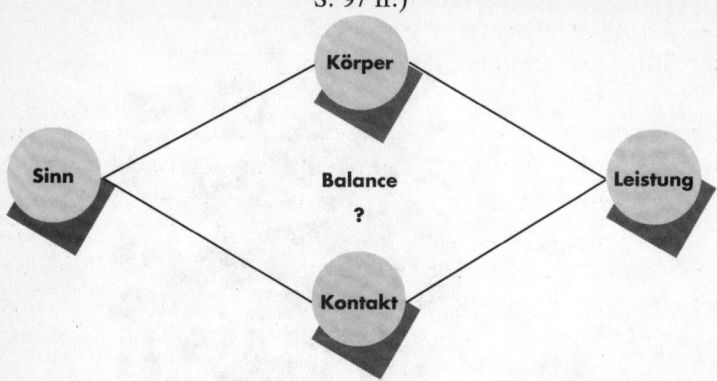

in einer *Balance* zueinander stehen, also ausreichend Aufmerksamkeit, Energie und Zeit erhalten. Wird ein Bereich über einen längeren Zeitraum hinweg einseitig über- oder unterbetont, kommt es zu Störungen, Beschwerden oder gar Lebenskrisen (Herzinfarkt, Arbeitssucht, Scheidung, Identitätskrisen o.ä.). „Zuviel ist ungut", sagt der Volksmund.

Ein Verkaufsleiter machte uns deutlich, wie wichtig ihm ein *Hilfsmittel* für die Koordination dieser vier Bereiche ist. „Wissen Sie", begann er, „als nur mittelmäßiger Schachspieler könnte ich bestenfalls zwei Schach-Partien simultan spielen – bevor ich anfange, die Übersicht zu verlieren. Ein Kasparow dagegen", fuhr er fort, „kann sicher 20 oder mehr Partien gleichzeitig spielen. Als Führungskraft und Familienvater muß ich aber auf 20 Brettern und mehr spielen, und das gleichzeitig! Hier ein berufliches Projekt – dort Mitarbeiter, die gute Führung, ausreichend Zeit und durchdachte Entscheidungen von mir erwarten. Hier ein Fitneß-Programm, an dem ich teilnehme – dort meine Kinder, denen ich etwas versprochen habe. Überall Ziele, Termine, Aufgaben, Prioritäten und Informationen. Wenn ich da kein einfaches und überschaubares System hätte, ginge der Sinn des Ganzen schnell verloren. Wie sollte ich sonst den Überblick und meine Ruhe behalten? Da hilft nur eines: mein Zeitplanbuch!"

Abb. 37: Zeitplanbuch
(Quelle: Time/system)

Das *Zeitplanbuch* macht Sie unabhängig von Ihrem Schreibtisch (Abb. 37). Beim Kunden, auf Reisen, im Betrieb oder zu Hause haben Sie stets alle wichtigen Informationen griffbereit zur Hand. Ein Telefonregister ermöglicht Ihnen, Ihre Kunden auch von unterwegs zu erreichen. Weit mehr als ein reiner Terminkalender, ist es gleichzeitig Ihr schriftliches Gedächtnis, mobiles Büro und Ihre Datenbank im Kleinformat. Insgesamt eine wertvolle Zeitspar- und Arbeitshilfe!

Kreatives Nachdenken und erfolgreiche *Planung* sind fast überall möglich. Zeit, die sonst verloren wäre, wird gewonnen. Sie sind weniger im Büro, da Sie genauso wirkungsvoll von unterwegs aus arbeiten können. Nutzen Sie daher Wartezeiten, Pausen und „Stille Stunden", um Ihre Planung für die vier Bereiche Gesundheit, Kontakt, Arbeit und Sinn immer wieder zu überarbeiten und in innere Balance zu bringen.

Nicht an Ihren Ideen werden Sie gemessen, sondern an Ihren *Taten!* Erfolgreich werden Sie sein, wenn Sie tun, was für Ihre Ziele notwendig ist – egal, was dazwischenkommt!

Wir, Ihr Autorenteam, wünschen ganzheitlich viel *Erfolg* – von ganzem Herzen!

Zusammenfassung:
1. Achten Sie auf *alle* vier *Lebensbereiche*: Körper, Leistung, Kontakt und Sinn! ❏
2. Be-nutzen Sie ein *Zeitplanbuch* als Selbstdisziplinierungs- und Erfolgswerkzeug! ❏
3. Lassen Sie sich an Ihren Taten und *Ergebnissen* messen – von sich selbst und anderen! ❏

Aktionsfrage Welchen *Lebensbereichen* wollen Sie künftig *mehr Zeit* widmen?

_____

_____

_____

Maßnahmenplan
„Verkaufen Sie sich einfach an die Spitze"

Es gibt nichts Gutes
außer: Man tut es.   (Erich Kästner)

Das Studium dieses Büchleins wird für Sie nur dann einen nachhaltigen Nutzen haben, wenn Sie daraus entsprechende *Konsequenzen* und *Maßnahmen* ableiten:

☞ Was erschien Ihnen beim Durcharbeiten dieser Schrift (besonders) *wichtig*?

☞ Was haben Sie an neuen *Erkenntnissen* gewonnen?

auf Buch-Seite(n)	Gedanke, Methode, Thema etc.
	•
	•
	•
	•
	•
	•
	•
	•
	•
	•
	•
	•
	•
	•
	•

☛ Was wollen Sie eingehender *bearbeiten* und konkret *umsetzen*?

Aktivität auf Buch-Seite(n)	Priorität			Aktivitäten, Aufgaben, nächste Schritte	Start: geplant für	Ende: erledigt bis	Kontrolle: umgesetzt? OK
	A	B	C				

Weiterführende Literatur

Altmann, Hans Christian: Erfolgreicher verkaufen durch Positives Denken. Landsberg: Moderne Industrie, 1991

Bergmann, Robert: Macht der Gedanken. Bad Dürkheim (jetzt Rockenhausen): W. Klüber, 1984

Bergmann, Robert: Macht des Unterbewußtseins. Bad Dürkheim (jetzt Rockenhausen): W. Klüber, 1984

Bettger, Frank: Lebe begeistert und gewinne. Neuausgabe, 5. Aufl. Zürich: Oesch, 1990

Beyer, Günther: Superwissen durch Alpha-Training. Düsseldorf und Wien: Econ, 1982

Birkenbihl, Vera F. (Hrsg.) / *Flemming, Michael:* Zielgerichtet zum Erfolg (2 Kompakt-Cassetten und Broschüre). Bonn: Rentrop, 1991

Blanchard, Kenneth / Peale, Norman Vincent: Positiv Führen. 2. Aufl. Zürich: Oesch, 1990

Enkelmann, Nikolaus B.: Mit Freude erfolgreich sein. 6. Aufl. München/Landsberg: mvg-verlag, 1992

Enkelmann, Nikolaus B.: Zum Erfolg mit der Kraft des Unterbewußtseins (Toncassetten-Seminar). 2. Aufl. München/Landsberg: mvg-verlag, 1989

Enkelmann, Nikolaus B.: Der erfolgreiche Weg zur Selbst-Motivation (VHS-Video, 45 Min.). 2. Aufl. Seevetal: Optima Marketing Klose KG, 1992

Freitag, Erhard F.: Kraftzentrale Unterbewußtsein. Der Weg zum positiven Denken. Neuaufl. München: Goldmann, 1991

Friedrich, Kerstin / Seiwert, Lothar J.: Das 1x1 der Erfolgsstrategie. Der sichere Weg zu konkurrenzlosen Spitzenleistungen. 3. Aufl. Frankfurt: FAZ und Speyer: Gabal, 1993

Fuchs, Helmut: Frisch gewagt ist halb gewonnen. Selbstvertrauen durch positives Denken. Freiburg i. Br.: Herder, 1988

Geffroy, Edgar K.: Verkaufserfolge auf Abruf. Die 1-Seiten-Methode. 7. Aufl. Landsberg: moderne industrie, 1992

Geffroy, Edgar K. / Klose, Michael: Verkaufserfolge auf Abruf – in der Versicherungsbranche. Die 1-Seiten-Methode. 3. Aufl. Landsberg: moderne industrie, 1991

Geffroy, Edgar K. / Seiwert, Lothar J.: Zeitmanagement für Verkäufer – Mehr Zeit für Verkaufserfolge. 2. Aufl. Landsberg: moderne industrie, 1993

Graichen, Winfried U. / Seiwert, Lothar J.: Das ABC der Arbeitsfreude. Techniken, Tips und Tricks für Vielbeschäftigte. 2. Aufl. München/Landsberg: mvg-verlag, 1992

Graichen,Winfried U. / Seiwert, Lothar J. / Fuchs, Helmut: Ganzheitliches Zeitmanagement. Mehr Lebens- und Arbeitsfreude. Ein persönliches Trainingsprogramm (Motivationscassette mit Textbuch). 2. Aufl. München/Landsberg: mvg-verlag, 1992

Hill,Napoleon: Denke nach und werde reich. Die Erfolgsgesetze und ihre Nutzanwendung. 18. Aufl. Genf: Ariston, 1990

Hill,Napoleon / Stone, Clement W.: Erfolg durch positives Denken. 14. Aufl. Genf: Ariston, 1990

Jessen,Peter: Die neuen Verkaufstechniken. 7. Aufl. Landsberg: moderne industrie, 1985

Johnson,Spencer / Wilson, Larry: Das 01-Minuten-Verkaufstalent. 2. Aufl. Reinbek b. Hamburg: Rowohlt, 1985

Kopmeyer,M. R.: Lebenserfolg – So gelangen Sie an Ihre Ziele. Genf: Ariston, 1982

Lassen,Arthur: Heute ist mein bester Tag. Erfolg und Gelassenheit durch positives Denken und Handeln. 3. Aufl. Gran Canaria: Lassen Erfolgs-Training, 1990

Mandino,Og: Das Geheimnis des Erfolgs. 5. Aufl. Bonn: Rentrop, 1992

Mewes,Wolfgang (Urheber) */ Worcester, Maxim* (Hrsg.) */ Friedrich, Kerstin* (Red.): Die EKS-Strategie. 36 Hefte. Frankfurt a. Main: FAZ, 1990-1991

Miller,Robert B. / Heiman, Stephen E. / Tad Tuleja: Strategisches Verkaufen. Landsberg: moderne industrie, 1988

Murphy,Joseph: Die Macht Ihres Unterbewußtseins. 43. Aufl. Genf: Ariston, 1990

Ohoven,Mario: Die Magie des Power-Selling. Die Erfolgsstrategie für perfektes Verkaufen. 3. Aufl. Landsberg: moderne industrie, 1992

Peale,Norman Vincent: Die Kraft positiven Denkens. Neuaufl. Zürich: Oesch, 1991

Peseschkian,Nossrat: Auf der Suche nach Sinn. 4. Aufl. Frankfurt a. Main: Fischer, 1987

Robbins,Anthony: Grenzenlose Energie – Das Power-Prinzip. 5. Aufl. Bonn: Rentrop, 1993

Schellbach,Oscar: Siebenmal Lebenskunst. Glücklicher leben durch die Kraft des positiven Denkens. 4. Aufl. Freiburg i. Br.: Bauer, 1987

Seiwert,Lothar J.: Das 1x1 des Zeitmanagement. 9. Aufl. München/Landsberg: mvg-verlag, 1992

Seiwert,Lothar J.: Mehr Zeit für das Wesentliche. Besseres Zeitmanagement mit der SEIWERT-Methode. 14. Aufl. Landsberg: moderne industrie, 1992 (auch als Audio-Programm, 3. Aufl. 1990, und Video-Training, 4. Aufl. 1992, jeweils erschienen Landsberg: moderne industrie)

Stielau-Pallas,Alfred R.: Ab heute erfolgreich. Ihr Wegweiser zum persönlichen Erfolg. 5. Aufl. Bonn: Rentrop, 1991

Stielau-Pallas, Alfred R.: Nur für die Besten: Erfolg und Erfüllung. Donzdorf: Engel auf Erden, 1989

Stone, Clement W.: Der unfehlbare Weg zum Erfolg. 6. Aufl. München/Landsberg: mvg-verlag, 1991

Wagner, Hardy: Persönliche Arbeitstechniken. 4. Aufl. Speyer: Gabal, 1992

Als praktische Ergänzung zu diesem Taschenbuch empfehlen wir die gleichnamigen Ton-Cassetten-Seminare der Autoren für weiteres, permanentes Training, z. B. unterwegs im Auto:

Klose, Michael / Graichen, Winfried / Seiwert, Lothar J.: Verkaufen Sie sich einfach an die Spitze – Bd. 1: So verkaufen Sie noch erfolgreicher (4 Ton-Cassetten mit Subliminals plus Trainings-Checklisten). 12. Aufl. Seevetal: Optima Marketing Klose KG, 1992

Klose, Michael / Kirchner, Gerhard / Greff, Günter / Frommer, Josef / Seiwert, Lothar J.: Verkaufen Sie sich einfach an die Spitze – Bd. 2: So gewinnen Profis neue Kunden (4 Ton-Cassetten mit Trainings-Checklisten). 2. Aufl. Seevetal: Optima Marketing Klose KG, 1992

Stichwortregister

Notizen

Notizen

Notizen

Notizen

Michael Klose / Winfried U. Graichen / Lothar J. Seiwert

Autofahrten sinnvoll nutzen :

Bringen Sie frischen Wind und neue Verkaufs- und Erfolgs-Ideen in Ihr Verkäufer-Team !

Zeit ist Geld:
Nutzen Sie die
wertvolle
Zeit Ihrer Mitarbeiter
auf dem Weg zum
Kunden!

Band 1: So verkaufen Sie noch erfolgreicher:

❶ **Motivations-Seminar:**
Die Naturgesetze des Verkaufs-Erfolges.

❷ **Verkaufs-Seminar:**
Der sichere Weg zum Verkaufs-Erfolg.

❸ **Zeit-Management-Seminar:**
Mit Zeit-Management zum Erfolg.

❹ **Die Subliminal-Erfolgs-Methode:**
Mit dem Unterbewußtsein Erfolg erzielen.

Über 10.00 Anwender erzielten mit
"Verkaufen Sie sich einfach an die Spitze..."
∅ über 36 % Mehr-Umsatz im Außendienst

Damit der Inhalt dieses Buches mit Zeit-Gewinn, motivierend
und schnell, ständig wieder aktiviert werden kann, gibt es
"Verkaufen Sie sich einfach an die Spitze..." auch als
Ton-Cassetten-Kompakt-Seminar mit Subliminal-Erfolgs-Methode.
Denn nur ständige Wiederholung bringt dauerhaften Erfolg.
Zwischen den Trainings-Texten begleitet Sie teils motivierende,
teils angenehm entspannende Musik durch das gesamte Programm.

Josef Frommer / Günter Greff / Gerhard Kirchner /
Michael Klose / Lothar J. Seiwert

Kosten runter - Umsatz rauf ...

Steigern Sie Ihren Umsatz und sparen Sie tausende Werbe-Mark mit diesen Profi-Tips !

Sichern Sie Ihren Vorsprung:
Engagieren Sie diese
fünf führenden Spitzen-
Trainer und entwickeln
Sie Ihre eigene Verkaufs-
und Erfolgs-Strategie!

Band 2: So gewinnen Profis neue Kunden:

❶Intensiv-Seminar:
Massenweise Empfehlungen gewinnen.

❷Direkt-Marketing-Seminar:
Umsätze steigern und Werbe-Mark einsparen.

❸Telefon-Marketing-Seminar:
Telefonieren Sie sich an die Spitze.

❹Zeit-Management-Seminar:
Mehr Zeit für neue Kunden.

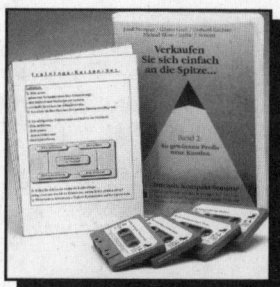

Jetzt neu !!
Auch als Vortrag oder Seminar!

*Bitte Prospekt TB 1 bei Interesse an Ton-Cassetten
und Prospekt VS 1 bei Interesse an Vorträgen anfordern bei:*

Optima Marketing Klose KG
Gewinnbringende Verkaufs-Förderung

z.Hd.: Herrn Rumpf
Gimpelweg 3
2105 Seevetal 3 /bei Hamburg
Telefon: (0 41 05) 8 10 68 + 8 49 22
Telefax: (0 41 05) 8 02 84

Sonder-Kombi-Chance

Einzeln je Band
nur DM **298,-**
Band 1 und 2
zusammen
für nur DM **543,-**
(Sie sparen DM 53,-)

*Ab ca. März `93
neue Anschrift !*